Plattdüütsch in sess Weken

Plattdüütsch in sess Weken

Een Lees- und Lehrbook för Anfänger un Kunnige

Bearbeitet von
Rektor a.D. Gerold Meiners

Herausgegeben vom
„Spieker“ - Heimatbund
für Niederdeutsche Kultur e.V.
Oldenburg

ISENSEE VERLAG
OLDENBURG

Herausgegeben vom:
„Spieker“ - Heimatbund für Niederdeutsche Kultur e.V.
Oldenburg, 1997

Bearbeitet von:
Rektor a. D. Gerold Meiners

Die Deutsche Bibliothek - CIP-Einheitsaufnahme

Meiners, Gerold:
Plattdüütsch in sess Weken : een Lees- un Lehrbook för Anfänger un Kunnige / bearb. von Gerold Meiners. Hrsg. vom „Spieker“ - Heimatbund für Niederdeutsche Kultur e.V. Oldenburg. - Oldenburg : Isensee, 1997
ISBN 3-89598-349-7

Gedruckt bei Isensee in Oldenburg

Vorwort

In einem plattdeutschen Lied wird ein tausendjähriger "Eekboom an de See" besungen und ihm ein Fortleben von weiteren tausend Jahren vorausgesagt. Fritz Reuter (1810-1874), der mecklenburgische Dichter des Liedes, meint mit diesem Baum symbolisch die niederdeutsche Sprache. Er war davon überzeugt, daß Niederdeutsch nicht sterben würde. Das heute allgemein zu beklagende Baumsterben scheint aber auch den "Eekboom an de See" zu bedrohen. Sein Stamm ist morsch, viele Äste verkahlen, und die Wurzeln erhalten nicht mehr ausreichend Nahrung. Den Verfall aufzuhalten, bemühen sich Autoren, niederdeutsche Bühnen, Heimatvereine, Medien, Volkshochschulen und bisweilen auch Schulen.

Solange noch viele Kinder von ihren Eltern und Großeltern die niederdeutsche Sprache als ihre Muttersprache aufnahmen oder auch zweisprachig aufwuchsen, bestand nicht die Gefahr ihres Verklingens. Heute findet nur noch in wenigen Familien der natürliche Lernprozeß statt, da die Eltern miteinander nur selten und mit den Kindern fast nie mehr Plattdeutsch sprechen. Dabei ist ihnen nicht bewußt, daß sie Erben eines Kulturgutes sind und als solche die Pflicht hätten, dieses den nachfolgenden Generationen lebendig und bewußt weiterzuvermitteln, damit sie dessen Wert zu schätzen wissen und stolz darauf sind. Goethes Wort "Was du ererbt von Deinen Vätern hast, erwirb es, um es zu besitzen" trifft genau den Punkt, um den es hier geht. Die plattdeutsche Sprache ist ein Kulturerbe, das man nicht aufgeben darf. Da Anzeichen vom Niedergang heute unverkennbar sind, müssen wir uns verstärkt um den Erhalt bemühen. Das kann auf ähnliche Weise wie beim Erwerb des Hochdeutschen oder bei der Erlernung einer Fremdsprache geschehen. Vielleicht ist der Versuch, ein wenig in das sprachliche System des Plattdeutschen einzudringen und seine Strukturen zu erkennen, ein Weg, der mit zum Erfolg führen kann.

Das vorliegende Buch möchte dabei behilflich sein. Wer es zur Hand nimmt, dem soll es Selbstvertrauen zu seinen sprachlichen Fähigkeiten vermitteln, sein bereits vorhandenes Wissen aktivieren, vergessene Vokabeln und Redewendungen ins Gedächtnis zurückrufen und ihn sicher machen im Lesen, Sprechen, Verstehen und Schreiben des Plattdeutschen.

Der Titel des Buches verheißt einen Erfolg in sechs Wochen. Eine Garantieerklärung ist das natürlich nicht, denn wer nicht täglich zum "Studieren" kommt, braucht vermutlich eine längere Zeit. Plattdeutsch ist zwar eine eigenständige Sprache, aber mitnichten eine Fremdsprache, zu deren Erlernung viel Zeit und Mühe aufgewendet werden müssen. Bei aller Eigengesetzlichkeit hat sie eine große Ähnlichkeit mit dem Hochdeutschen und ist darum schnell und leicht zu erlernen.

Das Sprachbuch soll nicht nur Anfängern den Erwerb des Plattdeutschen erleichtern, sondern auch Kennern helfen, sich in der Grammatik und Rechtschreibung zurechtzufinden.
Die Regel "Snack man so, as di dat an is!" hat einerseits viel für sich, um die Mundartenvielfalt zu erhalten, aber andererseits birgt sie auch die Gefahr des Verfalls in Formenlosigkeit in sich. Fehlerhaftes Sprechen und Schreiben nach eigenem Gutdünken sind in jeder Sprache verpönt und tragen erst recht nicht dazu bei, eine bedrohte Sprache wie das Niederdeutsche zu retten. Wer gelegentlich Plattdeutsch schreibt, wird froh sein, wenn er sich in Zweifelsfällen einen Rat holen kann.

Der Bearbeiter wünscht allen Benutzern dieses Buches viel Freude beim Lernen, Lesen oder Nachschlagen.
An dieser Stelle sei den niederdeutschen Autoren gedankt, die mir freundlicherweise die Genehmigung zum Abdruck von Buchauszügen erteilt haben.

Gerold Meiners — *Oldenburg, 1997*

De SPIEKER seggt den Schoolmester Gerold Meiners an disse Stäe Dank darför, dat he de Rechte an sien Spraakbook an den Heimatbund affgäven hett, un so dat Wark op 'n Padd brocht weern kann. Dank geiht ok an de Schoolmester Jürgen Ludwigs, Vörsitter van'n Plattdüütschen Kring, Bremen, un us Mesterkring-Baas Detmar Dirks, Großenkneten. De beiden hefft dat Manuskript naläsen, of ok allens inne Reeg is.
Ik wünsch mi, dat dit Book vääle Lüe, de sik op de een of anner Aart darför insetten doot, dat us Plattdüütsch ok in tokumen Tied in Tell blifft, een Help wäsen kann.

Jürgen Hennings
SPIEKER-Baas

Einleitung

I. Die Lautverschiebung

Vom 5. bis 8. Jahrhundert trennte sich das Hochdeutsche vom Niederdeutschen und den anderen germanischen Sprachen durch die sogenannte hochdeutsche Lautverschiebung ab. Aus den germanischen Verschlußlauten p,t und k wurden in gewissen Stellungen die oberdeutschen Reibelaute pf(f), z (tz, ss) und ch. Diese Vorgänge liefen nicht nach festen Normen ab, doch war es den Niederdeutschen, als sie sich ein Jahrtausend später genötigt sahen, neben ihrer Muttersprache auch das Hochdeutsche anzunehmen, möglich, sich zurechtzufinden. Mit etwas Intuition gelang es ihnen, wenigstens die gebräuchlichsten Wörter vom Niederdeutschen ins Hochdeutsche zu übersetzen.
Der Hochdeutsche, der heute Plattdeutsch lernen möchte, befindet sich in einer ähnlichen Lage. Er kommt nur aus der entgegengesetzten Richtung. Stark vereinfacht gesagt, braucht er nur die Laute pf(f), z(tz,ss) und ch gegen die Laute p, t und k auszuwechseln und erhält so häufig das dem hochdeutschen entsprechende plattdeutsche Wort. Ohne ein wenig Intuition geht es aber auch in dieser umgekehrten Richtung nicht.
In den folgenden Listen werden hochdeutsche und plattdeutsche Wörter einander gegenübergestellt. Die erste Aufgabe des Plattdeutsch-Schülers besteht darin, plattdeutsche Wörter selbst zu finden. Auf Vokalveränderungen wird jeweils am Schluß einer Liste besonders hingewiesen.

Liste 1

Aus niederdeutsch p am Wortanfang und Wortende wurde hochdeutsch pf

Schreibe die gefundenen Wörter in die dafür vorgesehenen Leerstellen !

Pund	Pfund	Pütt	Pfütze
__________	Pfand	__________	Pferd
__________	Pfahl	__________	Pfeffer
__________	Pflaster	__________	Pflaster
__________	Pflicht	__________	Pflock
__________	Pfingsten	__________	Pfropfen
__________	Napf	__________	Pfennig
__________	Knopf	__________	Sumpf
__________	Strumpf	__________	Kopf

Bei den folgenden Wörtern entfällt der hochdeutsche e-Auslaut.

Pann	Pfanne	__________	Pflanze
__________	Pforte	__________	Pfote
__________	Pflege	__________	(ie)Pfeife
__________	Pfarre	__________	(uu) Pflaume

Liste 2

Aus p in der Mitte wurde f, ff oder pf

slapen	schlafen	hapen	hoffen
__________	helfen	lopen	laufen
__________	Löffel	__________	kaufen
__________	Affen	__________	Haufen
__________	Apfel	__________	Hopfen
__________	hüpfen	__________	klopfen
__________	stopfen	__________	Kupfer

Aus dem niederdt. " ie " wurde das hochdt. " ei"

griepen	greifen	__________	reifen
__________	Streifen	__________	kneifen
__________	schleifen	__________	pfeifen

Liste 3

Aus t am Anfang wurde ein z

Telt	Zelt	__________	Zwirn
__________	zehren	__________	zimmern
__________	zwölf	__________	Zwieback
__________	zögern	__________(ü)	zwischen
__________	Zoll	__________	Zollstock
__________	Zahl	__________(ä)	Zahn
__________(ö)	Zügel	__________	Zucht

Der hochdeutsche e-Auslaut entfällt

__________	Zange	__________	Zunge

Aus niederdt. ie wurde hochdt. ei

__________	Zeit	__________	zeitweise
__________	Zweig	__________	zweifeln (w)

Liste 4

Aus t in der Mitte wurde ss oder ß

eten	essen	laten	lassen
__________	messen	__________	fassen
__________	fressen	__________	hassen
__________	vergessen	__________	besser

Mit Vokaländerungen :

bieten	(ie) beißen	__________(ie)	reißen
__________	(ie) schmeißen	__________(e)	heißen
__________	(e) gießen	__________(ö)	müssen
__________	(ö) stoßen	__________(ö)	grüßen

Liste 5

Aus t am Ende wurde s oder ß

wat	was	bloot	bloß
__________	das	__________	groß
__________	dies (ohne e)	__________	Schoß
__________	naß	__________	Kloß
__________	Faß	__________	Fuß (oo)
__________	Stoß	__________	Schloß (Sl)
__________	Maß	__________	bis
__________	weiß (i)	__________	Straße (ohne e)

Liste 6

Aus tt wurde tz oder ss

nütten	nützen	__________	stützen
__________	sitzen	__________	Netz
__________	Ketzer	__________	Schüssel (o)
__________	Zitzen	__________	Spritzen (ü)

Der e-Auslaut entfällt:

Grütt	Grütze	__________	Schütze
__________	Hitze	__________	Katze
__________	Spritze	__________	nütze

Liste 7

Aus k in der Mitte und am Ende wurde ch.
Das K am Anfang blieb erhalten.

maken	machen	__________	brechen
__________	Dach	__________	rechnen
__________	Fach	__________	sprechen
__________	Loch	__________	stechen
__________	Knochen	__________	riechen (ü)

Vokalveränderung und Wegfall des e-Auslauts

Sache	Saak	Leiche	Liek
__________	Deich	__________	reich (ie)
__________	Zeichen	__________	weich (ee)
__________	Küche (öö)	__________	gleich (ie)

Liste 8

Aus niederdeutsch d wurde hochdeutsch t

Dag	Tag	Daler	Taler
__________	tanzen	__________	Tau (Nebel)
__________	Tisch	__________	Tracht
__________	tot	__________	Trank
__________	tragen(ä)	__________	trinken
__________	Teig (ee)	__________	tief (eep)
__________	Trunk	__________	Tochter
__________	Trift	__________	Tümpel
__________	tun (oo)	__________	Tür (öö)

Pund,Pand,Pahl,Plaster, Plicht,Pingsten, Napp, Pütt Perd, Posten, Plock, Proppen,Pennig, Sump, Kopp , Poort, Pleeg, Parr, Plant, Poot, Piep, Pluum

List 2

slapen,helpen/hölpen, Löpel, Apen, Appel, stoppen, hapen, lopen, kopen(köpen), Hoppen,kloppen,Kopper, Striepen, sliepen , riepen, kniepen, piepen

List 3

Telt, tehren, twölf, tögern,Tahl, Toll, Tögel, Tüügnis, Twirn, timmern, Twieback, twüschen, Tollstock. Tähn, Tiet, Twieg, tietwies, twieveln

List 4

meten, freten, vergeten, laten, faten, haten, beter, bieten, smieten, geten, stöten, rieten, heten, möten, gröten.

List 5

dat, dit, natt, Fatt, Stoot, Maat, witt, bloot, groot, Schoot, Kloot (Kluut) Foot, Slott, bit, Straat.

List 6

nütten, sitten, Ketter, Titten, stütten, Nett, Schöttel, sprütten, Grütt, Hitt, Sprütt, Schütt, Katt, nütt

List 7

maken, Dack, Fack, Lock, Knaken, breken, reken, spreken, steken, rüken, Saak, Diek, Teken, Köök, Liek, riek, week, gliek,

List 8

danzen, Disch, doot, dregen, Deeg, Drunk, Drift, Doon, Daler, Dau, Dracht, Drank, drinken, deep, Dochter, Dümpel, Döör.

II. Plattdeutsches im Hochdeutschen

Das Hochdeutsche hat nach Luthers Bibelübersetzung mit dem Buchdruck seinen Siegeszug bis in die entlegensten niederdeutschen Gebiete gehalten und die Schwestersprache, wenigstens in der Schrift,in den Städten aber auch als Sprechsprache, weitgehend verdrängt.Alle Spuren niederdeutscher Formen hat es jedoch nicht getilgt, und es hat niederdeutsche Ausdrücke und Wörter in ursprünglicher und leicht veränderter Form übernommen. Jeder Hochdeutsche , der Plattdeutsch lernt, verfügt darum schon über einen kleinen niederdeutschen Wortschatz, den er sich nicht mehr mühsam aneignen muß .
Die folgende Liste enthält eine Auswahl solcher Wörter. Die eingeklammerten Laute fehlen in vielen plattdeutschen Dialekten, bzw. sind bei der Übernahme ins Hochdeutsche hinzugefügt worden.

1. Hauptwörter niederdeutscher Herkunft

Bagger	Bernste(i)n		Biwak,	Block
Boot	Bord	Bork(e)	Brems(e)	Bucht
Bull(e)	D(a)un(e)	Damm	Dogg(e)	Drell
Drohn(e)	Dün(e)	Ebbe	Egg(e)	Flagg(e)
Flieder	Flies(e)	Flott(e)	Fracht	Küken
Kruk(e)	Schacht	Fusel	Gaffel	Gerücht
Gracht	Hafen	Hafer	Hark(e)	Hün(e)
Kabel	Kahn	Kajüt(e)	Kaneel	Kant(e)
Kladde	Klipp(e)	Köter	Krabb(e)	Krakeel
Lappen	Lehm	Linnen	Lump	Möw(e)
Nelk(e)	Nicht(e)	Otter	Pell(e)	Plunder
Puter	Quall(e)	Quapp(e)	Quark	Reck
Rick(e)	Rinn(e)	Roggen	S(ch)lick	Schuft
Schüpp(e)	Spind	Sprott(e)	Stapel	Suppe(e)
Stempel	Stippen	Stoppel	Strand	Stripp(e)
Takel	Tau	Teer	Torf	Tran
Trepp(e)	Tüt(e)	Wappen	Watt(e)	Wrack

2. Zeitwörter niederdeutscher Herkunft

ahnen	trödeln,	blaken
behagen	bes(ch)wichtigen	d(a)uern
dröhnen	fühlen (ö)	hapern
hissen	kappen	kentern
k(e)ifen	knabbern	knicken
landen	lichten	löschen
p(e)ilen	prickeln	puffen
pusten	quasseln	racken
roden	s(ch)leppen	s(ch)lendern
sichten	stauen	stoppen

3. Eigenschaftswörter niederdeutscher Herkunft

drall	dr(e)ist	drollig
dump(f)	düster	echt
fett	flink	flott
flügge	leck	morsch
prall	piekfein (püük)	sacht

III. Lehn- und Fremdwörter im Plattdeutschen

Lehnwörter sind Wörter fremder Herkunft, aber im Gegensatz zu den Fremdwörtern in Betonung und Lautgebung und durch häufigen Gebrauch eingedeutscht. Das Niederdeutsche hat in seiner langen Geschichte nicht minder als das Oberdeutsche eine große Anzahl von Wörtern fremder Herkunft aufgenommen und seinem sprachlichen Gefüge so angepaßt, daß sie nicht mehr als fremd empfunden werden. Die Lehnwörter sind in ihren plattdeutschen Formen den fremden Stammwörtern häufig ähnlicher als in ihren hochdeutschen Formen. Das liegt daran, daß die ins Hochdeutsche übernommenen Wörter zum großen Teil durch die Lautverschiebung ein zweites Mal verändert wurden. Mit den später ins Plattdeutsche übernommenen Fremdwörtern verhält es sich jedoch anders. Obwohl sich ihre Formen verändert haben, sind sie noch als Fremdwörter zu erkennen.

Lehnwörter im Plattdeutschen

Fremdsprache	**Plattdeutsch**	**Hochdeutsch**
lat. discus	Disch	Tisch
lat. murus	Müür	Mauer
lat. carrus	Kaar	Karre
lat. tegula	Tegel	Ziegel
lat. potus	Pott	Topf
lat. part	Part	Teil
lat. vinum	Wien	Wein
lat. campus	Kamp	Feld, Acker
lat. pila	Pieler	Pfeiler
lat. porta	Poort	Pforte
lat. schola	School	Schule
lat. scabellum	Schabell	Maske
lat. strata	Straat	Straße
griech.speculum	Spegel	Spiegel
franz.mal	mall	schlecht
franz.bec	Beck	Schnabel
franz. hute	Hütt	Hütte
span.pera	Bäär	Birne
arab.alkoven	Alkaven	Nebengemach

Fremdwörter im Plattdeutschen und ihre Herkunft
Das Plattdeutsche hat bis in die neueste Zeit hinein, am bereitwilligsten wohl im 17. und 18. Jahrhundert, erstaunlich viele Fremdwörter übernommen. Im Gegensatz zum Hochdeutschen hat es sie aber weitgehend seinen eigenen Wortklangvorstellungen angepaßt. Vielen Plattdeutsch-Sprechenden ist heute häufig nicht bewußt, daß z.B. die

Wörter Buddel Flasche), Schandaal (Krach) oder Kraasch (Kraft) aus dem Französischen stammen.

Plattdeutsch	Herkunft	Hochdeutsch
Ajeß	frz. hardiesse	Mut
akraat,	lat. accuratus	genau,
Bagaasch,	frz. bagage	Gepäck
Bredullje	frz. bredouiller	Verlegenheit
Buddel	frz. bouteille	Flasche
Buseruntje	fläm.buzeron	baumw.Kittel
Dööts	frz. tête	Kopf
Ewentüür	frz. aventure	Abenteuer
Fiduuz	lat. fiducia	Vertrauen
Fisematenten	lat.visae patentis	Flausen
foss	frz. forc	stark
kalfatern	it.calfatere	ausbessern
keuern	lat. currere	Karre schieben
Klöör	frz. couleur	Farbe, Farbton
Kraasch,	frz. courage	Mut, Kraft
kukeluren	holl.koekeluren	gucken + warten
Kumpaan	frz. compagnon	Genosse,Kamerad
kumpabel	frz. capable	fähig, imstande
Mackementen	frz. manquement	Störungen,
Malöör	frz. Malheur	Unglück
obsternaatsch	lat. obstinatus	widerspenstig
Paijatz	span. payaso	Hanswurst,Clown
Pleseer	frz. plaisier	Vergnügen,
Plüm(e)	frz. plume	Flaumfeder
Possentuur	lat. positura	Stellung,
Pottmonnee	frz. portemonnaie	Geldbeutel
praat	lat. paratus	bereit,fertig
Profeschoon	lat. professio	Beruf, Gewerbe
Prüük	it. perruque	Perücke
Quessje	frz. question	Frage,Streitpkt
Sperenzen	lat. sperentia	Umstände
stantepee	at. stante pede	auf der Stelle
Stellaasch	frz. stellage	Gestell
verdeffenderen	frz. défendre	verteidigen
Vigelin	it. violina	Geige
vileinig	frz. vilain	boshaft, gemein
Visaasch	frz. visage	Gesicht

"Nichts gegen Fremdwörter in vernünftigem Ausmaß ! Jede Kultursprache bereichert ihren Wortschatz durch Hinzunahme von fremden Begriffen." (Zierer). Das bäuerliche Rom über-nahm von den Griechen Ausdrücke, die es vorher nicht gege-ben hatte, und auf ähnliche Weise bildete sich das Eng-lische nach dem Einbruch der Normannen in einer keltisch-angelsächsischen Bauernwelt. Derartige Vorgänge zerstören eine Sprache nicht. Sie erweitern und bereichern sie nur. Daß wir heute im Plattdeutschen eine gewisse Scheu vor der Übernahme von Fremdwörtern empfinden, beruht zum Teil noch auf der Tätigkeit der "Teutschtümler" und der NS-Sprachreiniger. Diese widersetzten sich dem

natürlichen Vorgang der Spracherweiterung. Aus einem Revolver wollten sie einen "Meuchelpuffer", aus einer Lokomotive ein "Zieh" machen. Für Explosionsmotor schlugen sie "Zerknalltreibling" vor, und Elektrizität wollten sie in "Bernkraft" verwandeln. Wenn "Plattdeutschtümler" statt Telefon lieber "Klöönkasten", statt Stoffsuger lieber "Huulbessen" oder statt Feernseher lieber "Glotzkist" oder "Flimmerkassen" oder -total unsinnig- "Tellerwischer" sagen, so mag das auf der Niederdeutschen Bühne, wo man das Publikum sprachschöpferisch erheitern will, noch angebracht sein, aber ein Eingang in die ernsthafte Sprache bleibt solchen Wortschöpfungen verwehrt.
Wir Plattdeutschen müssen uns ganz einfach damit abfinden, daß es unmöglich ist, für Wörter wie Computer, Katalysator, Microwelle usw. echte plattdeutsche Übersetzungen zu finden. Im Hochdeutschen gibt es keine Übersetzungen dafür,und im Plattdeutschen mag es erlaubt sein, sie dem vertrauten Lautstand anzupassen. Computer würde dann Kumpjuter, Katalysator würde Katalüsater klingen, und bei Microwelle würde nur der e-Auslaut entfallen.

Fremdwörter von A bis Z,

für die es im Plattdeutschen wie in vielen anderen Sprachen keine Übersetzungen gibt.

Auto, Bazillen, Chip, Demijohn, Elektriker, Fabrik, Galopp, Humor, Ingenieur, Inspektor, Jubiläum, Kabel, Likör, Magnet, Norm, Oper, Patent, Quantum, Radio, Salpeter, Tablett, Urne, Vikar, Waggon, Zement.

Lex een

1

Klöönsnack in'n Tog **Gespräch im Zug**

Anna sitt in'n Tog, de van Wilhelmshaven kummt un nu in Ollnborg anhollt. Gerd stiggt in Ollnborg to.

Gerd Moin ! Is de Plaats dar noch free ?
Anna Ja, hier is allens free.
Gerd Dat is jo moi !
Anna Wat is moi ?
Gerd Dat ik hier bi di sitten drööf.
Anna Du kennst mi jo gonnich.
Gerd Dat nich, aver dat weet ik al: du snackst Platt. Un wat dat Kennen angeiht : Ik heet van Gerd.
Anna Un ik bün Anna
Gerd Mi schient, du snackst geern Platt.
Anna Dat stimmt, awer tohuus snackt wi nich veell Platt. Ik heff dat van us Naverskinner upsnappt.
Gerd Wor kummst du denn her ?
Anna Ik kaam ut Jaderbarg.
Gerd Denn hest du van de Jaderbarger Kinner aver 'n groden Barg lehrt.
Anna Danke för dat Kumpelment.Aver ik weet, dat ik noch Föller maak.
Gerd Up platt steckt dat all nich so nau.
Anna Du meenst, dat gifft kiene fasten? Regeln ?
Gerd Dat will ik nich seggen. Regeln gifft't woll, man so streng sünd de nich. De gode Will tellt mehr as de Kennis van Grammatik .
Anna Wor hest du dien Platt denn lehrt ? Un snackst du anners nix as Platt ?
Gerd Ik bün in'n Dörp up'n Ammerland groot woorn, un up de Uni in Ollnborg studier ik bilöpig 'n beten Nedderlandsch. Dorbi kummt mi dat Nedderdüütsch goot topaß. Süh, nu geiht't los. Akraat up de de Minuut.
Anna Dat is man goot. Ik mööt in Bremen umstiegen un heff dar nich veel Tiet.
Gerd Umstiegen in Bremen, seggst du ? Föhrst du amenn na Hamborg ?
Anna Ja, ik will miene Süster in Hamborg besöken.
Gerd Dat dröppt sik jo goot. Ik will ok na Hamborg. Denn köönt wi jo noch'n Sett mit'nanner klönen.
Anna Ja, un ik kann villicht van di noch'n beten Platt dartolehrn.
Gerd Du van mi wat lehren ? Ik bün doch kien Schoolmester ! Tominnst bit nu noch nich.
Anna Bit nu noch nich ? Denn weet ik Bescheed. Du studeerst up Schoolmester.
Gerd Dat stimmt. Tokamen Jahr maak ik mien Examen.

Guten Morgen ! Ist der Platz dort noch frei ? Ja, hier ist alles frei.
Das ist ja schön !
Was ist schön ?
Daß ich hier bei dir sitzen darf.
Du kennst mich ja gar nicht.
Das nicht, aber ich weiß schon,daß du Plattdeutsch sprichst. Und was das Kennen betrifft: Ich heiße Gerd
Und ich bin Anna..
Mir scheint, du sprichst gerne platt.
Das stimmt, aber zuhause sprechen wir nicht viel Platt. Ich habe es von unseren Nachbarskindern gelernt.
Woher kommst du denn ?
Ich komme aus Jaderberg.
Dann hast du von den Jaderberger Kindern aber eine Menge gelernt.
Danke für das Kompliment. Aber ich weiß, daß ich noch Fehler mache.
Auf platt kommt's nicht so genau drauf an. Du meinst, es gibt keine festen Regeln ?
Das will ich nicht sagen.Regeln gibt es wohl, aber sie sind nicht sehr streng. Der gute Wille zählt mehr als Grammatik-u. Phonetikenntnisse.
Wo hast du denn dein Platt gelernt, und sprichst du nur platt ?
Ich bin in einem Dorf im Ammerland aufgewachsen, und an der Uni in O. *studiere ich nebenbei ein bißchen Niederländisch. Dabei kommt mir das Niederdeutsche gut zustatten.*
Schau an ! Jetzt geht's los. Genau auf die Minute.
Das ist gut so. Ich muß in Bremen umsteigen und habe dort nicht viel Zeit. / Umsteigen in Bremen, sagst du ? Fährst du etwa nach H.?
Ja, ich will meine Schwester in H. besuchen.
Das trifft sich ja gut. Ich will auch nach Hamburg. Dann können wir uns ja noch eine Weile unterhalten.
Ja, und ich kann vielleicht von dir noch ein bißchen Platt dazulernen.
Du von mir lernen ? Ich bin doch kein Schulmeister. Wenigstens bis jetzt noch nicht.
Bis jetzt noch nicht ? Dann bin ich im Bilde. Du studierst Pädagogik..
Das stimmt. Im nächsten Jahr mache ich mein Examen.

Anna	Un ik fang na de Sommerfeerjen mit mien Studium an	*Und ich fange nach den Sommerferien mit meinem Studium an..*
Gerd	In Ollnborg ?	*In Oldenburg ?*
Anna	Dat is Sülfstverstand, ofschoonst ik nich recht weet, wo dat dar togeiht up de Uni in Ollnborg. Kannst du mi dat nich 'n beten verklaren ?	*Selbstverständlich, obwohl ich nicht richtig weiß, wie es dort zugeht an der Uni in Oldenburg. Kannst du mich nicht ein bißchen aufklären ?*
Gerd	Dar hest du den Rechten drapen. Ik bün Studenten-Vertreder, un jüst wegen disse Fraag föhr ik na Hamborg.	*Da hast de den Richtigen getroffen. Ich bin Studenten-Vertreter, und gerade wegen dieser Frage fahre ich nach Hamburg.*
Anna	Dat verstah ik nich.	*Das verstehe ich nicht.*
Gerd.	Up'n Studentenkongreß an de Hamborger Uni kaam ik mit anner Vertreders tohoop, un de wüllt van mi weten, wo dat mit dat Studeern in Ollnborg utsütt.	*Auf einem Studentenkongreß an der Hamburger Uni komme ich mit anderen Vertretern zusammen, die von mir wissen wollen, wie die Studienbedingungen in Oldenburg sind.*
Anna	Muttst du dar 'n Vördrag hooln ?	*Mußt du dort einen Vortrag halten ?*
Gerd	Vördrag ? Nee, aver öwerleggt heff ik mi al, wat ik dar seggen mööt. Wenn du wullt, vertell ik di'n beten darvan.	*Vortrag ? Nein, aber überlegt habe ich mir schon, was ich dort sagen muß. Wenn du willst, erzähle ich dir ein davon.*

Sie haben den Text in der plattdeutschen Spalte vermutlich schon verstanden, ohne viel auf die hochdeutsche Übersetzung in der rechten Spalte zu achten. Wenn es sich so verhält, können Sie vielleicht auch schon die folgenden Fragen auf platt beantworten.

Fragen	***Antwoorden***
Wat will Anna in Hamborg ?	*Se will ehre Süster besöken*
Wor studeert Gerd ?	____________________
Wat will Gerd weren ?	____________________
Weet Anna al, wor se studeren will ?	____________________
Will se Lehrersche weren ?	____________________
Wor kummt Anna her ?	____________________
Wor mööt de beiden umstiegen ?	____________________
Snackt Annas Öllern platt ?	____________________

Aussprache und Schreibung

In der plattdeutschen Sprache kommen Laute vor , die es im Hochdeutschen nicht gibt. Mit den in schriftsprachlichen Texten verwendeten Buchstaben lassen sie sich nicht genau wiedergeben. Man hat daher bisweilen versucht, wenigstens für die stark abweichenden Laute neue Zeichen oder Buchstabenverbindungen einzuführen, doch haben sich derartige Neuerungen nicht durchsetzen können. Heute benutzen die plattdeutschen Autoren nur noch die auch für das Hochdeutsche gebräuchlichen Buchstaben und Zeichen.
In diesem Buch sind weitestgehend die "Regeln zur plattdeutschen Rechtschreibung" von Johannes Saß angewendet worden. Aber Vorsicht ! Wer die Wörter so ausspricht, wie er es beim Lesen hochdeutscher Texte gewohnt ist, trifft, besonders bei den Vokalen a,e und ö,nicht immer den richtigen Klangfarbton. Bei Beachtung der folgenden Aussprache- und Rechtschreibregeln wird es dem Lernenden nicht schwerfallen, die Unterschiede zu erkennen. Wenn er nebenbei jede Gelegenheit wahrnimmt, Plattdeutsch zu hören und seine eigene Aussprache zu überprüfen, wird er sehr bald in der Lage sein,"as'n echten Plattdüütschen to snacken".

1. Der a-Laut
Das Plattdeutsche hat drei verschiedenen a-Laute, nämlich das kurze a, das lange a und das dumpfe, lange a.
Beispiele:

Kurzes a	Langes a	Dumpfes, langes a
natt	swart	Aant
platt	Barg	Kraam
Pann	Kark	kaam
Vadder	scharp	kamen
Kapp	marken	Bahn

Das kurze a in der ersten Spalte wird durch Doppelschreibung des folgenden Konsonanten angezeigt.Die Doppelschreibung entfällt für kurze, wenig betonte Wörter.
Beispiele : dat, wat, al, af, an, an, as, man.
Das lange a in den Wörtern der zweiten Spalte steht vor einem r und einem weiteren Konsonanten.Dieses r wird nicht gerollt, ist kaum noch als Laut wahrzunehmen, kann aber mit wenigen Ausnahmen als Zeichen dafür gelten, daß der vorhergehende a-Laut lang gesprochen wird.
Das dumpfe, lange a der dritten Spalte gibt es in der Hochsprache nicht. In der plattdeutschen Literatur erscheint es bisweilen als oa oder ao. Tatsächlich ist dieser Laut eine Mischform aus a und o wie im englischen "water". Um ihn richtig zu bilden, empfiehlt es sich, die Mundhöhle wie beim kurzen o (z.B. in Mord) zu formen, aber den Luftstrom nicht kurz zu pressen, sondern langsam wie beim langen a hervorzubringen. Geschrieben wird dieser a-Laut in offenen Silben als einfaches a. In geschlossenen Silben, d.h. wenn noch ein Konsonant in derselben Silbe folgt,wird es durch Doppelschreibung wiedergegeben. Die plattdeutschen Wörter wie Haar, Saal, fragen etc. werden also anders ausgesprochen als die gleich geschriebenen hochdeutschen Wörter.

Das dumpfe, lange a

in offener Silbe (Ausgang auf Vokal)		in geschlossener Silbe (Ausgang auf Konsonant)	
ja	ja	Aap	Affe
na	nach	Maand	Mond
scha	schade	Saal	Saal
dra	schnell	Kraam	Kram
sa-gen	sägen	Bahn	Bahn
ka-men	kommen	ik kaam	ich komme
fra-gen	fragen	Fraag	Frage
fa-ten	fassen	gahn	gehen

An zwei Beispielen der rechten Spalte ist zu erkennen, daß statt Doppel-a auch ein Dehnungs-h geschrieben werden kann, wenn das entsprechende Wort in der Hochsprache ein Dehnungs-h aufweist. Die Aussprache ist aber dieselbe wie beim Doppel-a.
Da die Schreibweisen vieler Wörter, in denen ein a enthalten ist, im Hochdeutschen und Plattdeutschen gleich sind, muß auf die unterschiedliche Aussprache besonders geachtet werden.
Versuchen Sie, folgende Wörter plattdeutsch, d.h. mit einem dumpfen, langen a, auszusprechen !

Aal, Bahn, Hahn, Haar, Haken, sparen,
mahlen, mager, rasen, klagen, ja, kahl,
wahr, lahm, nah, dar, gar nich, mal, na

2. Der lange o-Laut

Wie das lange a, so wird auch das lange o entweder durch Doppelschreibung oder durch ein Dehnungs-h gekennzeichnet.
Häufig wird der o-Laut mit einem u-Nachklang gesprochen. "Boom" klingt dann fast wie "Boum". Auf diese Feinheit brauchen wir vorläufig noch keine Mühe zu verwenden.

3. Der ü-Laut

Daß das ü kurz gesprochen wird, z.B. in Hütt oder Grütt, dürfte keine Schwierigkeiten bereiten, jedoch wird die Dehnung, im Unterschied zur hochdeutschen Rechtschreibung, durch Verdoppelung (üü) angezeigt. Steht das lange ü am Schluß einer Silbe (also auch eines Wortes), so wird nicht verdoppelt.

Einfach- und Doppelschreibung des ü-Lautes

Kurzes ü		Langes ü geschlossene Silbe		Langes ü offene Silbe	
Grütt	*Grütze*	Prüük	*Perücke*	Prüken	*Perücken*
Küll	*Kälte*	Schüün	*Scheune*	ütern	*sich äußern*
Krück	*Krücke*	Krüüz	*Kreuz*	krüzen	*kreuzen*
Slüngel	*Schlingel*	Slüüs	*Schleuse*	slüsen	*schleusen*
Schüpp	*Schaufel*	Stüür	*Steuer*	Lü	*Leute*

4. Der e-Laut

Der e-Laut wird kurz gesprochen, wenn er vor mehreren oder vor einem verdoppeltem Konsonanten steht. Einen kurzen e-Laut enthalten auch die Wörter Weg und Steg (gespr. Wech und Stech) und die Vorsilben ver-, hen- her-.

Der lange e-Laut wird durch Verdoppelung bezeichnet, aber nur in geschlossener Silbe (Eek - Eken, Fleeg- Flegen). Die Längung kann auch durch ein Dehnungs-h bezeichnet werden, wenn das entsprechende hochdeutsche Wort ein h aufweist. (sehn, he sehg,) Häufig klingt der lange e-Laut mit einem -i aus. In phonetischer Schrift könnte diese Zwielautigkeit mit e-i bezeichnet werden. (hd. Teig ,nd. Deeg,= De-ig). Der einlautige lange e-Laut klingt im Nord- und Südoldenburgischen meistens wie das ä in Mähr und quälen. Er kann auch als ä geschrieben werden, um so auf die richtige Aussprache hinzuweisen. Würde man aber von dieser Möglichkeit regelmäßig Gebrauch machen, dann müßte man sich mit einer großen Zahl unerwünschter Wortbilder abfinden (gägen, även, näwen. Sägel, Sägen) und eine zu breite Aussprache damit begünstigen, eine Aussprache also, die im Oldenburgischen Plattdeutsch nicht üblich ist.

Schwierigkeiten gibt es nur mit den Wörtern in Spalte 4, die ein langes, einlautiges e aufweisen, das als ee, e, eh oder ä geschrieben werden kann. In plattdeutschen Wörterbüchern weist man auf die besondere Aussprache bzw. auf dialektale Unterschiede hin, indem man entweder phonetische Zeichen oder Kombinationen gebräuchlicher Buchstaben verwendet.

Der e-Laut in Beispielen

kurzer e-Laut		langer e-Laut		
vor Doppel-konsonant	vor zwei Konsonant.	zwie-lautig	ein-lautig	ä
Eller	Eck	Eek	Zeeg	Märken
Klemm	Telt	Kees	Smeer	Mähr
Fedder	Ferd	Kleed	Nees	Äxt
Bessen	Melk	week	Week	quälen
hebben	Brems	speen	lese	stänkern
wennehr	dengeln	Kehr	geel	Hälft
wennen	bentern	delen	ehr	Schäper

Im plattdeutschen Wörterbuch für das Oldenburger Land (von H. Böning) wird ein Zirkumflex (ê) dafür benutzt. Man schreibt also "Wêk, Pêper, Nês, lêsen, gêl " für Woche, Pfeffer,Nase,lesen und gelb. Günter und Johanna Harte schreiben im "Hochdeutsch-Plattdeutschen Wörterbuch "Week, Peper, Nees, lesen und geel" und machen auf die einlautige Aussprache aufmerksam, indem sie ein in Klammern gesetztes e mit Fußhäkchen hinzufügen."Week (ę), Peper (ę), Nees (ę), lesen (ę), geel (ę)." Das phonetische Zeichen soll nur dem Benutzer des Wörterbuches dienen. In plattdeutschen Texten tritt es nicht in Erscheinung. Im plattdeutsch-hochdeutschen Wörterbuch von Wolfgang Lindow wird den dialektalen Unterschieden Rechnung getragen, indem man bei vielen Wörtern zwei Schreibweisen angibt, nämlich eine mit e und eine mit ä. In diesem Buch wird die Lindowsche Schreibung mit ä

bevorzugt werden, wenn es erforderlich ist, dem Lernenden eine Hilfe bei der Aussprache zu bieten.
W. Lindow vom Institut für niederdeutsche Sprache in Bremen erklärt dazu :
"Das Dilemma mit dem e-/ä- Laut wird sich nicht lösen lassen, weil es einfach kein normierendes Wörterbuch gibt. Meines kann man da nicht heranziehen, denn es sind dort Belege versammelt, die ich aus der Literatur übernommen habe, und dort kommt die unterschiedliche Schreibung vor. Auch konkurrieren bei Schreibfragen ja immer mehrere Prinzipien: Zum einen will man möglichst lautrecht schreiben, zum andern hindern die durch die Etymologie eines Wortes gegebenen Vorbilder,die bisweilen zum Wiedererkennen des Wortes wichtig sind, eine konsequente Durchführung dieses Prinzips.
Konkret: "gegen" wird gesprochen "gägen"; da aber das hochdeutsche Wort "gegen" als bekannt vorausgesetzt wird, schreibt auch der niederdeutsche Autor "gegen".
Bei "Nääs" wird er zu dieser Schreibung tendieren, weil das hochdeutsche schriftsprachliche Äquivalent "Nase" eben den Vokal a enthält (deswegen habe ich mich bei meinem Wörterbuch auch für "Nääs" als Stichwort entschieden und daneben "Nees" angegeben, weil es auch häufiger so in der Literatur vorkommt).Da ich der Meinung bin, daß der heute Plattdeutsch Lernende in vermehrtem Maße zum Erwerb seiner Kenntnisse auf literarische Quellen und Zeugnisse zurückgreift, tendiere ich dazu, die Schreibung nach den entsprechenden hochdeutschen Vorbildern auszurichten."

Zusammenfassende Übersicht

Hochdeutsch	Böning	G.u.J. Harte	W. Lindow
Woche	Wêk	Week (ę)	Week Wääk
Ziege	Zêg	Zeeg (ę)	Zeeg Zääg
Schmiere	Smêr	Smeer (ę)	Smeer Smäär
neun	nêgen	negen (ę)	negen nägen
lesen	lêsen	lesem (ę)	lesen läsen
gelb	gêl	geel (ę)	geel gääl

5. Der ö-Laut

Bei dem langen ö-Laut klingt häufig ein i bzw ein ü nach. Das Wort Bööm wird fast wie Bö-im bzw Bö-üm ausgesprochen. In der Schreibung findet diese Zwielautigkeit keine Beachtung, was allerdings zu Verwechslungen mit dem einlautigen längen ö führen kann. Zum Beispiel wird "Köök" nicht wie "Kö-ik" ausgesprochen, sondern mit einem im Hochdeutschen fehlender Laut, nämlich einem offenen langen ö, etwa wie gedehnt gesprochenes ö in "öffnen" und "Mörder". Im Englischen kommt dieser Laut z.B. vor in word, girl und learn.
(Phonetisches Zeichen der Internationalen Lautschrift: ein umgekehrtes e mit nachgestelltem Doppelpunkt als Längungszeichen..
Im Plattdeutschen Wörterbuch von Böning wird dieser ö-Laut durch oe wiedergegeben. Statt "Köök" liest man dort also "Koek". Die Einlautigkeit durch zwei verschiedene Buchstaben zu kennzeichnen, ist besonders bei den Partikeln nicht sehr passend. (voer - vör = *vor*, doer - dör = *durch*, oever - över = *über*). In diesem Buch folgen wir darum lieber den Regeln von

Saß, d.h. Wörter mit einem einlautigen, langen ö werden in geschlossenen Silben mit öö, in offenen Silben mit ö geschrieben. Zur Kennzeichnung der phonetischen Besonderheit muß allerdings in Wörter- und Lehrbüchern ein Sonderzeichen verwendet werden. In Hartes Wörterbuch geschieht das durch ein im Erklärungsteil nachgestelltes ö mit Fußhäkchen(ǫ̈). Aus drucktechnischen Gründen müssen wir hier mit einem bzw. zwei unterstrichenen ö vorliebnehmen, ö bzw. öö .Das Unterstreichen erfolgt aber nur beim erstmaligen Auftreten des Wortes entweder im Text oder in den angefügten Worterklärungen.

Übersicht

Zwielautiges langes ö		Einlautiges langes ö (ö)	
geschlossene Silbe	offene Silbe	geschlossene Silbe	offene Silbe
Bööm	plögen	Köök	mögen
Kloöör	töwen	Nööt	Lögen
dröög	nödig	Göör	bören
Böök	böten	Töög	Tögel
Öör	Bö	Door	Höwel
hochdeutsch			
Bäume	*pflügen*	*Küche*	*mögen*
Farbe	*warten*	*Nüsse*	*Lügen*
trocken	*nötig*	*Kind*	*heben*
Buche	*heizen*	*Züge*	*Zügel*
Griff, Henkel	*Windstoß*	*Tür*	*Hobel*

Das kurze ö bedarf hier keiner besonderen Erwähnung, da seine Aussprache vom Hochdeutschen her bekannt ist.

Beispiele :

Böst, Dönz, Gössel, Hölp, Mölk, grötter, Öllern, Köpp

(*Brust, Wohnstube, Gänschen, Hilfe, Milch, größer Eltern, Köpfe*

Ausspracheübung

Versuchen Sie, die folgenden Wörter mit einem dumpfen langen a, bzw. einem einlautigen, langen ö auszusprechen!

Hamer	Slödel	*Hammer*	*Schlüssel*
Nagel	dögen	*Nagel*	*taugen*
Gabel	drömeln	*Gabel*	*trödeln*
Garen	jöken	*Garten*	*jucken*
Kamer	klönen	*Kammer*	*plaudern*
klaar	möör	*klar*	*mürbe*
Knaken	öwel	*Knochen*	*übel*
Maat	prökeln	*Maß*	*stochern*
Nawer	rödeln	*Nachbar*	*plappern*
Pahl	Söög	*Pfahl*	*Sau*

Bei den folgenden Wörtern klingt das ö bzw. öö wie ö-i :

Mööv (Möwe), möten (begegnen),

Böök (Buche) Dööp (Taufe),

Fööt (Füße), högen (freuen,erfreuen),

Kööm (Kümmel), Röver (Räuber),

Schöfel (Schlittschuh), smöken (rauchen)

Lex twee 2

Ankumst in Hamborg

Gerd	Wi sünd glieks in Hamborg
Anna	Dat heff ik al markt.
Gerd	Dor unner us, dat is de Süderelv
Anna	Glieks geiht't över de Norderelv, un denn is't nich mehr wiet bit na 'n Hauptbahnhoff
Gerd	Scha, dat use gemeensame Reis al toennen is !
Anna	Mi deit dat ok leed, dat wi nu ut'nanner gahn mööt.
Gerd	Schall ik di maal wat seggen, Anna ? Du büst 'ne bannig nette Deern.
Anna	Un ik finn, du büst 'n netten Jung.
Gerd	Haalt diene Süster di von'n Bahnhoff af?
Anna	Nä, de weet gar nich, mit wecken Tog ik ankaam.
Gerd	Denn maak ik di 'n Vörslag.
Anna	Man to !
Gerd	Du stellst dienen Kuffert in 'n Sluutfack, un wi kiekt us mit 'nanner noch 'n beten de Stadt an.
Anna	Oh ja ! Hagenbecks Tierpark !
Gerd	De is in Stellingen. 'n beten wiet rut. Laat us man lever an de Binnenalster un denn na "Planten un Blomen" gahn !
Anna	Inverstahn ! Un an de Alster drinkt wi eersmaal wat. Ik bün all ganz dröög in'n Hals von dat vele Snacken.
Gerd	Ik glööf, wi beiden weert us eenig.
Anna	Dar verdo di man nich mit ! Ik kann överlangs ok strabbig wesen.
Gerd	So, nu treck diene Jack an ! Dienen Kuffert drääg ik. De is veels to swaar för di.
Anna	Du büst wahrraftig 'n leven Jung Denn laat mi aver diene Tasch drägen !
Gerd	Häwatt ! De kann ik in de anner Hand nehmen. Vergäät du man dienen Regenscheerm nich ! Woto hest'e denn överhaupt mitnahmen ? Is jo moi Weer in Hamborg !
Anna	Hest recht, aver vanmorgen seeg dat noch na Regen ut.
Gerd	So, nu aver nix as rut ut dissen verrökerten Wagen ! Buten is sachs betere Luft .

Ankunft in Hamburg

glieks *gleich* ; al = *schon*
markt *gemerkt,bemerkt*
unner *unter,* Elv *Elbe*
geiht' = geiht't = geiht dat *geht's*
is't = is dat *ist es*
bit *bis* , na'n *nach dem*
scha *schade,* al *schon*
toennen *zuende*
deit *tut,* ok *auch*
leed *leid* , ut'nanner *auseinander*
schall *soll,* seggen *sagen*
büst *bist,* bannig *sehr*
ik finn *ich finde*
halen, haalt *holen, holt*
weten,weet *wissen,weiß,*
wecken *welchem*
Vörslag *Vorschlag*
man to ! *nur zu !*
Kuffer(t) *Koffer*
Sluutfack *Schließfach*
'n beten *ein bißchen*

wiet *weit*
laat us *laß uns*
lever *lieber*

inverstahn *einverstanden*
eersmaal *erst einmal,zunächst*
dröög *trocken*
snacken *sprechen*
glöven, ik glööf *glauben,*
verdoon *versehen*
överlangs *manchmal*
strabbig *widerborstig*
antrecken *anziehen*
drägen *tragen*
wahrraftig *wahrhaftig*
leef, leve, lever *lieb,liebe,lieber*
häwatt ! *ach was !*
vergaten *vergessen*
hest'e *hast du*
överhaupt *überhaupt*
moi (nicht meu !!) *schön*
Weer (ää) *Wetter,* seeg *sah*
vanmorgen *heute morgen*
rut *raus*
verrökert *verräuchert*

Schrieb is eben !

Reise ______________________, *Mädchen* ________________ , *Zug* ______________

Bahnhof ____________________ , *Koffer* ________________ , *Jacke* ________________

Aussprache und Schreibung

(Fortsetzung)

Die Vokale a, e, i, o, u, ä, ö, ü
werden kurz ausgesprochen, wenn ein Doppelkonsonant folgt.
Beispiele:

Katt	*Katze*	slimm	*schlimm*	Kuffer(t)	*Koffer*
Fett	*Fett*	Slott	*Schloß*	ümmer	*immer*
hebben	*haben*	minn	*gering*	Stänner	*Ständer*
keddeln	*kitzeln*	Pott	*Topf*	Schöddel	*Schüssel*
Buddel	*Flasche*	unner	*unter*	Fedder	*Feder*

Bei kurzen, unveränderlichen Wörtern (Partikeln) wird auf die Doppelschreibung des Konsonanten verzichtet.
Beispiele:

an,	af,	al,	as,	bit,	mit,	dit,
dat,	wat,	is,	van,	um,	man,	up.

Zusammensetzungen: anstöten (anstoßen), afsupen (ertrinken), Afscheed (Abschied), bitlang (bislang),mitdem (inzwischen), upfeudeln (aufwischen), upklöven (aufspalten), upstunns (jetzt)

Die Dehnung der Vokale.
Die Dehnung des i-Lautes wird in der Regel durch ein nachgestelltes e angezeigt.
Beispiele :

Piep, wiet, sied, rieven, ieskoolt, Iesen, mien

Zur Dehnung der Vokale wird ein h nur dann nachgestellt, wenn das entsprechende Wort im Hochdeutschen mit einem h geschrieben wird. (er sah :sowohl "he seeg" als auch "he sehg",de Rehg - die Reihe)
Beispiele: :

Ohr,wahr, fröh, M<u>ö</u>hl, Mehl(ä),Kehl(ä),Pahl,Kuhl,ehrbaar

Am leichtesten erkennt man die Dehnung an der Doppelschreibung aa,ee,oo,uu, ää, öö und üü. Die drei letzteren kommen in der hochdeutschen Rechtschreibung nicht vor.

Fleeg	*Fliege*	Proov	*Probe*	*Oog*	*Auge*
Deef	*Dieb*	Rook	*Rauch*	Schuum	*Schaum*
Mööv	*Möwe*	Weer (ä)	*Wetter*	*hooch*	*hoch*
Nääs	*Nase*	doon	*tun*	Müüs	*Mäuse*

Die Vokalverdoppelung gilt nur für Silben, die mit einem Konsonanten enden (= geschlossene Silbe). Endet die Silbe mit dem langen Vokal, dann erfolgt keine Verdoppelung.

Ausnahmen:
a) Vor ch, sch, ss und st wird der lange Vokal auch in offener Silbe verlängert. (Meeschen, Püüster, düüster, tuuschen, hoosten, puusten)
b) Auslautendes, volltönendes e wird verdoppelt.(twee, Snee, Timmeree)

Regelfälle:

Lü	*Leute*	Bo	*Bau*	nödig	*nötig*
Schü	*Brühe*	Ogen	*Augen*	flegen	*fliegen*
schu	*scheu*	Bö	*Windstoß*	drögen	*trocknen*
na	*nach*	Näsen	*Nasen*	legen	*lügen*

Bei strikter Beachtung dieser Regel kommt es häufig vor, daß die zweisilbige Mehrzahlform eines Wortes mit einem einfachen Vokal , die einsilbige Einzahlform dagegen mit dem entsprechenden verdoppelten Buchstaben geschrieben werden muß.

Beispiele :

Fleeg - Flegen	Mööv - Möven
Döör - Dören	Buur - Buren
Klaag - Klagen	Breef - Breven
Nääs - Näsen	Köök - Köken
Tüüt - Tüten	Snuut - Snuten

Bei Zeitwörtern verhält es sich umgekehrt, d.h. die zweisilbige Grundform wird mit einem einfachen Vokal, die einsilbige, flektierte Form dagegen mit der Verdoppelung geschrieben.
Beispiele :

flegen - ik fleeg	glöven - ik glööf
rümen - ik rüüm	luren - he luurt
bögen - wi böögt	läsen - ik lääs
smusen - se smuust	ropen - ik roop

Aussprache- und Rechtschreibregeln
Die Devise "Schrief man so, as di dat an is" ist richtig, um die Mundartenvielfalt zu begünstigen. Dennoch sollte der Autor plattdeutscher Texte die folgenden, in allen Mundarten anwendbaren Regeln nicht außer acht lassen:
1. Die Endsilben -ven, -men, -ben, -pen, spricht man oft verkürzt aus. Glöven wird zu glöbn oder glöbm, kamen klingt wie kaam'n, ropen wie roopm, hebben wie hebbm usw. Schreiben sollte man aber die vollständigen Formen.
2. Ein w im Inlaut wird als v geschrieben.In der Aussprache wird es häufig (wie im Spanischen) durch b ersetzt. Im Auslaut wird das v zum f.

Schreibung	Aussprache		Auslaut
graven,	grawen →	graben	- ik groof
starven,	starwen →	starben	- he starft
geven,	gäwen →	gäben	- du giffst
drieven,	driewen →	drieben	- du driffst
töven,	töwen →	töben	- ik tööf
glöven,	glöwen →	glöben	- ik glööf

3. Bei starken Verben, deren Stamm auf t endet, verschmilzt das -t in der 2. Person Einzahl oft mit der Endung zu -st : statt du weetst hört man du weest,statt du heetst du heest. Endet dagegen der Stamm auf d, so pflegt dieses d in manchen Formen auszufallen. (lieden- ik lie, glieden - ik glie). Die Schreibung muß hier freigestellt bleiben.

4. Der stimmhafte Reibelaut ch am Ende eines Wortes wird als g geschrieben, wenn er in einer Wortverlängerung als

weicher Drucklaut zu erkennen ist. :

Dag, weg, Tog, ik froog.

5. Vor auslautendem -gg wird der offene Vokal oft gedehnt. Während das hdt. "Roggen" ein kurzes, offenes o hat, klingt es im plattdeutschen "Rogg" so lang, daß man "Rorg" hören meint.

Weitere Beispiele: Frosch = Pogg (Porg), Brücke = Brügg (Brürg), Mücke = Mügg, (Mürg, Mürgen)

6. t und d sind im Auslaut manchmal kaum zu unterscheiden. In solchen Fällen schreibt man wie im entsprechenden hochdeutschen Wort: Tiet = Zeit, goot = gut, Bescheed = Bescheid. Es ist jedoch möglich, daß dasselbe Wort in flektierter Form mit d statt mit t geschrieben werden muß.

Ik heff kien Tiet - Slechte Tieden. Dat Book is goot.- Dat gode Book.
De Hahn lett root - De rode Hahn. De Hund is doot.- De dode Hund.

7) Mundartliche Besonderheiten müssen berücksichtigt werden.Aus der Schreibweise soll weitgehend der jeweilige mundartliche Klang ersichtlich sein (Wupp-Wüpp, Keuh-Keih, Mööv-Meuv, Torf - Törf, Lüde - Lüe - Lü, Swien-Schwien).

Ausspracheübung

Langes a (wie in hdt. lahm)
harken, marken, bargen,Kark,stark,warkeln,Farv,hart, Part

Langes, dumpfes a (im Hdt. nicht vorhanden, wie engl.Wort "water", im Dänischen: å)
ja, faten,Kragen,Maag,Daag,Fraag,fragen,Lager,sagen,Wahnung

Kurzes a (wie hdt.Dach)
natt,wat,dat,Katt,Vadder,klattern,Appel,sabbeln,Ramm

Langes o (wie ou)
Droom,Hohn,Koh, Kohl,School, Bo,tolopen,Loof,Moder,so, wo,

Kurzes o (wie hdt. Kopf)
Rott,Slott,Snott,Toll,Moppen,kloppen,stoppen,drock,Klock

Langes e (wie in hdt.Schnee)
Snee, dat sneet, scheef, leef, lever, leeg,menen, Sweet

Kurzes e (wie in hdt. Wetter)
wedden,pedden,redden,melken,klemmen,Fett, nett, setten,wenn

Einlautiges ä (wie in hd. Bär)
Märken, Dämper, gräsig, Nääs, Längde (Länge)

Einlautiges ä, geschrieben als e
Week, geel, lesen, veel, gegen, lesen, Smeer, dregen, Segen

Langes u (wie in hdt. du)
du, schu,Kuhl,Muus,susen,Luus,smusen,Bruut, Kruut,ut,ruut.

Kurzes u (wie hdt. Mutter)
up,Wuddel,Buddel,he mutt, he is wussen,unnen,funnen,Schluck

Langes ü (wie in hdt. früh)
Müüs,Hüüs,Schüün,Müür,Müürker,Füür,Lü,Schü,snütern,Klüütje

Kurzes ö (wie in hdt. Hölle)
bölken, grötter,hölpen, Köster, Öllern, Schöttel,Töffel.

Langes ö (wie in hdt.schön, mit schwachem i-Nachklang)
mö, köhlig, wöhlen, plögen, glöven, töven, Bööm, Stöhl

Langes, einlautiges ö (im Hdt. fehlender Laut,wie in engl. girl)
över,mögen, klönen,Köök, vör, för, dör,Döör,bören,möör.

Lex dree 3

Planten un Blomen

Pflanzen und Blumen

Gerd un Anna staht vör'n Hauptbahnhoff in Hamborg Se wüllt 'n Spazeergang na "Planten un Blomen" maken, aver se weet' nich recht,wor't lang geiht.
"De Straat liekut geiht up't Raathuus to. Laat us man in ene von de Straten rechter Hand inbögen Ik glööf, denn sünd dat kiene dreehunnert Meter bit an de Binnenalster."
Wahrraftig düürt dat kuum fief Minuten, do kriegt se al dat Water in Sicht.
"Tööf is eben ! Du hest doch Dörst. Dor is'n Café. Ik much woll 'n Tass Tee drinken."
"Oh ja, Tee ! Aver een Tass vull is mi nich noog. Ik nehm 'n Kännken un darto'n Stück Botter koken". Na'n halve Stunn sünd de beiden woller goot toweeg. Se maakt sik woller up'n Padd.
Dat sütt nu al meist so ut, as wenn se Leevslü weern. Se hebbt sik bi de Hannen to faten, se lacht un se höögt sik, dat se sik kennenlehrt hebbt.
Mit'n Maal nimmt Gerd 'n lüttjen Flintsteen van de Grund up un seggt :
"Kennst du <Eier beier Botterbroot> ?"
Darbi smitt he den Steen flach över't Water, dat he veer-fiefmaal upspringt un denn eerst unnerduukt.
Anna kennt dat Spill nich, aver se versocht dat nu ok. "Eier, beier ....." . Wieter kummt ehr Steen nich. Mit ehre fiene Stimm juucht se vör Vergnögen.
"De Stenen sünd nich platt noog." seggt Gerd. "Wenn ik den richtigen finnen do, denn kaam ik darmit bit an dat Enn van't Botterbroot."
"Du büst 'n snaakschen Keerl." seggt Anna , un darbi straakt se em schu över'n Arm.
Ennelk sünd de beiden bi "Planten un Blomen" ankamen. Gerd will Anna nu wiesen, dat he nich bloots Spijöök in 'n Kopp hett, sünnern ok to wat anners in'n Stannen is.
He kennt all de Naams van de moien Blomen He weet, wor se herkaamt, to wecke Familje se tohöört un wo se up latiensch nöömt weerd.
"Kennst du ok de plattdüütschen Naams ?" fraagt Anna em.
"Van de Blomen, de miene Moder in'n Hoff stahn hett un van wecke Wildplanten weet ik ,wo se up *heiße*
platt heet'. Süh maal disse Löwenmuul hier, de heet' up platt Jappup. Wenn een darup drückt, denn sparrt se dat Muul apen. Ik meen, de plattdüütschen Naams seggt veel mehr ut as de hochdüütschen. De Kapuzinerkress dargünnen, de nöömt mien Moder "Kohhacken", un de Akeleien heet' bi ehr "Klockenblomen".
"Denn kennst du jo dree Naams van all de Planten !" seggt Anna.

se wüllt *sie wollen*
weten, se weet' *wissen*
wor *wo,* wor't *wo es*
liekut *geradeaus*
inbögen *einbiegen*
Straat, Straten *Straße, Straßen*

düren *dauern*
kuum *kaum*
töven, ik tööf *warten*
Dörst *Durst*
Tass, Tassen, *Tasse*
noog *genug*
toweeg *zuwege, wohlauf*
woller - wedder, *wieder*
Leevslü *Verliebte, Liebespaar*
Hand, Hannen *Hand, Hände*
sik högen *sich freuen*
mit'n Maal *plötzlich*
Flintsteen *Kieselstein*
Steen, Stenen *Stein, Steine*
smieten, he smitt *werfen*

unnerduken *untertauchen*
Spill , Spääl *Spiel*
versöken, se versocht *versuchen*
fien *fein,*
juchen *ausgelassen lachen*
noog *genug*

Enn, Ennen, Enn' *Ende*
snaaksch *komisch*
straken, se straakt *streicheln*
schu *scheu,* ennelk *endlich*
wiesen *zeigen;* all = *alle, alles*
bloots *bloß,* Spijöök *Spaß*
in'n Stannen *fähig*
Naam, Naams *Name, Namen*
wecke *welcher, welche*
tohören *zugehören*
nömen *nennen, benennen*
se heet' *sie heißen*
Hoff ,Tuun, Garen *Garten*
Ålhett *hat,* ik heet *ich*

Muul *Maul*

jappen *Mund aufreißen*
-sparren *sperren*
Kress *Kresse,*
Kohhacken *Kuhfersen*
Klock, *Glock*
jo = ja in unbetonter Stellung
all *alle, alles.*

"Nä, dat stimmt nich. Ik mööt togeven, ik weet mehr latiensche as plattdüütsche Naams.To'n Bispill disse Lielje hier, de heet up latiensch 'Lilium pomponium', aver fraag mi nich, wat'n dar up Platt to seggt .
"Ik heff maal in use Schoolbibliothek een oolt Planten-Bestimmbook sehn, dar stunnen ok de plattdüütschen Naams in."
"Dat Book kenn ik. Mien Unkel hett dat in sien Bökerschapp, aver he gifft dat nich ut'e Hannen. He meent, dat is 'n Raarität. Nich maal mi as Student troot he dat to, dat ik dr ornlich mit umgahn do."
"Kiek is , Gerd, laat' disse Rosen nich moi ? De Klöör heff ik nie noch nich sehn.Darbi fallt mi in, ik mööt för mien Süster noch'n Blomenstruus köpen."
Na ehren Bummel dör "Planten un Blomen" slenkert Anna un Gerd sinnig woller trügg na 'n Bahnhoff. Anna haalt ehren Kuffert, un Gerd hett dat miteens ok drock, na de Uni hentokamen.
Se maakt noch 'n Wollersehn af up Sonndag in 'n Jaderbarger Zoo, un denn seggt se tschüüs.

al *schon* , all *alle*
Bispill *Beispiel*
Lielje *Lilie*
wat'n *was man*

School *Schule*
stunnen *standen*

Unkel *Onkel*
Bökerschapp *Bücherschrank*
dr (von "dar" oder "d'r")
totroon *zutrauen*
se lett goot *sie sieht gut aus*
se laat' goot *sie sehen gut aus*
Klöör *Farbe, Farbton*
slenkern *schlendern*
sinnig *langsam,leise,ruhig*
miteens *plötzlich*
drock *eilig*
Wollersehn *Wiedersehen*
tschüüs, adjüüs *adieu*

Das Hauptwort Das Substantiv

1. Das Geschlecht der Hauptwörter

Im Plattdeutschen ist das Geschlecht der Hauptwörter nicht eindeutig zu erkennen, da das Artikelwort "de" sowohl für Wörter männlichen als auch für Wörter weiblichen Geschlechts verwendet wird

männlich	weiblich	sächlich
de Mann	de Fro	dat Kind
de Tog	de Bloom	dat Book
de Kuffert	de Süster	dat Schapp
de Steen	de Klöör	dat Water

Für eine Reihe von Wörtern ist das Geschlecht nicht eindeutig festgelegt. Es stimmt auch nicht immer mit dem des entsprechenden hochdeutschen Wortes überein.

männl./weibl.	sächlich	hochdeutsch
de Band	dat Band	das Band
de Sarg	dat Sarg	der Sarg
de Mar(k)t	dat Mar(k)t	der Markt
de Sand	dat Sand	der Sand
de Töller	dat Töller	der Teller
de Dook	dat Dook	das Tuch
de Minsch	dat Minsch	der Mensch
de Gammel	dat Gammel	der Abfall
de Huuk	dat Huuk	der Verschlag

2. Die Beugung der Hauptwörter

Im Plattdeutschen werden die Hauptwörter nicht dekliniert.Nur bei männlichen Hauptwörtern werden der 3. und der 4. Fall durch den Artikel "den" markiert. In allen anderen Fällen bleiben die Artikel "de" und "dat" unverändert erhalten. Einen zweiten Fall gibt es nur in wenigen Ausnahmefällen, z.B. bei Personennamen oder ähnlichen Hauptwörtern.(Schosters Kinner, Möllers Veeh, aber : Oma ehr Huus, Vadder sien Bökerschapp)

Deklinationstabelle

Fälle	männlich hdt.	pl.	weiblich hdt.	pl.	sächlich hdt.	pl.
1 wer ?	*der Hut*	de Hoot	*die Hose*	de Büx	*das Tuch*	dat Dook
2.wessen ?	*des Hutes*	---	*der Hose*	---	*des Tuches*	---
3. wem ?	*dem Hute*	den Hoot	*der Hose*	de Büx	*dem Tuche*	dat Dook
4. wen ?	*den Hut*	den Hoot	*die Hose*	de Büx	*das Tuch*	dat Dook

Der Tabelle ist zu entnehmen, daß das Geschlechtswort "de" nur im Wem/Wen-Fall/männlich zu "den" wird. Ausgesprochen wird dieses "den" jedoch nicht wie das hochdeutsche "den", sondern wie"denn". Der 2. Fall, der auf die Frage "wessen ?" antwortet, wird im Plattdeutschen entsprechend der anderen Fragestellung (wer/wen well sien ?) mit "van den","van de" oder "van dat" gebildet.
Beispiele zur plattdeutschen Fallsetzung:

1. ***De Mann*** hett 'ne witte Büx an.
2. De Büx ***van den Mann*** is witt.
3. Geef ***den Mann*** wat to drinken !
4. Ik heff ***den Mann*** nich sehn.

1. ***De Fro*** hett enen Hoot up.
2. De Hoot ***van de Fro*** lett goot.
3. Ik segg ***de Fro*** Bescheed.
4. Ik heff ***de Fro*** nich drapen.

1. ***Dat Kind*** geiht na de School.
2. De Moder ***van dat Kind*** kenn ik.
3. Se geiht mit ***dat Kind*** spazeern.
4. Hest du ***dat Kind*** baadt ?

In der Mehrzahl gibt es nur das Geschlechtswort ***"de"***
Die unbestimmten Geschlechtswörter heißen ***"een, ene, een "*** (ein, eine ,ein) Zur Unterscheidung vom Zahlwort "een" schreiben einige Autoren den unbestimmten Artikel "een" manchmal nur mit einem "e", also "en".
Bei den Geschlechtswörtern een und ene wird das e häufig weggelassen. In der schriftlichen Form wird der Ausfall des "e" durch ein Auslassungszeichen markiert. ('n bzw. 'ne)

Een Hund mutt bläken.
He hett sik 'n Hund toleggt.
Se hett ene Katt dootföhrt.
Up'n Buurnhoff höört 'ne Katt.
Güstern heff ik een Book lesen.
Mit 'n Book kannst du mi ümmer 'ne Freid maken.
Een Boot is noch buten.
He hett sik 'n Boot kofft.

Übungen

1.Setze die Geschlechtswörter de,den und dat ein !

Is _____ Platz noch free ?
_____ Moder snackt Platt.
_____ Vadder is Schoolmester.
Danke för _____ Kumpelment !
_____ Lü sünd fründlich to mi.
_____ Süster wahnt in Hamborg.
_____ Huus is bannig hoog.
_____ Vörslag wull ik di ok al maken.
Gefallt di _____ Blomen ?
Up _____ Padd liggt 'n Steen.
Geef mi _____Sluutfackslödel !
Kennst du _____Book mit _____ plattdüütschen Plantennaams ?

2. **Setze die Geschlechtswörter bzw. Zahlwörter een ,ene, enen ein!**

Hest du _______ Regenscheerm mit ?
Ik much woll _______ Tass Tee drinken.
Wullt du ook ______ Stück Koken ?
Dat is _____ moie Bloom.
_____ Tofall kummt selten alleen.
Ik kenn _____ Deern ut Jaderbarg.
Se hett _____ fiene Stimm.

Kuntrull : 7 de, 3 dat, 3 den. 2 een, 4 ene, 1 enen

3. **Setze die Kurzformen 'n bzw. 'ne ein !**

Ik eet _____ Stück Appelkoken.
Wullt du ok _____ Tass Tee drinken ?
Mien Unkel hett _____ groot Bökerschapp.
He hett mi _____ Söten geven.
Hest du _____ Ahnung, wor he wahnt ?

Kuntrull : 3 'n, 2 'ne

4. **Segg is eben up platt !**

Meine Schwester will mich besuchen.
Sie kommt mit der Bahn.
Sie spricht gut Plattdeutsch.
Sie weiß noch nicht, was sie studieren will.
Holt dein Mann sie vom Bahnhof ab ?
Nein, sie fährt mit der Straßenbahn.
Ich weiß nicht genau, wann (wennehr) sie ankommt.
Nächsten Sonntag muß sie wieder in Jaderberg sein.

Seggwiesen (Redensarten)

Wat 'n nich in 'n Kopp hett, dat mutt 'n in de Fööt hebben.
Dar is nien Pott so scheef, dar passt 'n Deckel to.
War den enen sien Uhl, dat is den annern sien Nachtigall.
Well sik för 'n Pannkoken utgifft, de ward dr ok för upeten.

Sprickwöör (Sprichwörter)

Beter wat as nix, sä de Wulf,do freet he'n Mügg.
Dat is man'n Övergang, sä de Voss, do trucken se em dat Fell över de Ohren.
Ik sitt hier goot, sä de Katt, do seet se up'n Specksiet.

Aftellriemel

Ene mene mu, af büst du
Af büst du noch lange nich.
Segg mi eerst,
wo oolt du büst.

Aben, Aben, ik beed (ä) di an,
giff mi enen goden Mann,
de mi nich sleit,
de mi nich kleit,
de abens mit mi na'n Bedde geiht.

Schrief is eben !

die Pflanzen	____________	die Straße	___________
der Stein	____________	das Spiel	___________
der Garten	____________	der Löwe	___________
das Maul	____________	die Glocke	___________
die Schule	____________	der Schrank	___________
das Beispiel	____________	die Farbe	___________
langsam	____________	plötzlich	___________

Lex veer 4

Een oolt Huus up Schick bringen

Mien Söhn Peter un Anke, wat siene Fro is, de hebbt sik 'n moiet Huus kofft . Nich to groot un ok nich nee, aver dar fehlt nix an.
Ik heff de beiden düchtig toreden un toraden mußt. De Pries weer ehr to hooch. Aver as ik denn 'n paar Dusender tostüürt heff, do weern se dr hellsch van andaan. Un dat kann ik di seggen : Ik sülven bün ok woller upleeft ut mienen Rentneralldag. Siet dree Weken bün ik nu Dag för Dag darbi, dat Huus up Schick to bringen. Dat maakt mi bannigen Spaaß.
Wo dat Huus utsütt, wullt du weten ? Dat is so een van de Aart, as se dar bi jo an'n Diek staht, een Klinkerbo mit 'n spitzt Dack un 'ne Garaasch darbi.. Wenn du dör de Huusdöör in'n Fluur geihst, denn fallt di foors de moie holten Trepp up. Liekut geiht' in de grode Wahnstuuv, un linker Hand is de Köök. Unner de Trepp is'n Döör, dar geiht' runner in'n Keller. Baben sünd de Slaapkamern un de Baadkamer.
Wat ik dar in de dree Weken maakt heff ?
Toeerst wuss ik wahrraftig nich, wor ik mit dat Reineferen anfangen schull, aver denn heff ik mi 'n Plaan maakt. Do man vörweg de Schietarbeit, dach ik, un denn fang man baben mit Tapzeern un Strieken an.
In de Baadkamer wull Anke geern nee'e Fliesen hebben. De ooln weern deelwies al loos, un denn gefull ehr de Klöör ok nich.
De olen Fliesen afkloppen, dat weer nich stuur, aver de nee'en akraat up den rugen Unnergrund fastbacken, dat hett mi veel Gedüür kost.
Mit Tapzeern kaam ik 'n beten lichtfardiger mit trecht, aver Gedüür höört dr ok to.
Wo ik dat maak, fraagst du ? Hest du dat denn noch nich versocht ? Na, denn will ik di dat is eben verklaren.
Du rittst eerst de olen Tapeten van 'e Wannen af. Dat geiht best, wenn du de mit Water ornlich fucht maakst. Wenn du dat daan hest, denn kannst du de Deek afwaschen un mit witte Farv strieken.
Den neegsten Dag röhrst du di eerstmaal den Kliester an. De bruukt tominnst 'ne halve Stunn, bit at he upweekt is. In de Tiet stellst du den Tapetendisch up un snittst di de Bahnen för ene Wand trecht. Dat is mitunner 'ne möhsame Pusselarbeit, wiel dat Munster von de ene Bahn akraat an dat van de annere ansluten mutt.
Nu röhrst du den Kliester noch maal düchtig dör, un denn kann't loosgahn. Mit'n groden Quest dräggst du den Kliester man ümmer egaal un slankweg up dat Papier. De beiden Ennen weert 'n Stück umklappt, un so blifft de Bahn fief bit teihn Minuten to'n Upquellen liggen. Foors ankleven droffst du se nich , anners hest du naher luter Bulen un Blasen an'e Wand. Wenn dat Poppier goot upquullen is, faatst de de beiden böbelsten Timpen an, lettst de ganze Bahn vör di daal hangen un stiggst dr vörsichtig mit up de Ledder. Dat Anbacken an de Wand is licht. Du kriggst de Bahn nich

up Schick bringen	*instand setzen*
toreden (ä)	*zureden*
Pries	*Preis*
tostüren	*beisteuern,hinzutzun*
hellsch	*(höllisch)mächtig*
van andaan wesen	*begeistert sein*
bannig	*gewaltig*
utsütt	*aussieht*
bi jo	*bei euch,*
Garaasch	*Garage*
Huusdöör	*Haustür*
liekut	*geradeaus*
Köök	*Küche*
Slaapkamer	*Schlafzimmer*
reineferen	*renovieren*
strieken	*streichen*
Flies, Tegel	*Kachel*
deelwies	*teilweise*
Klöör	*Farbton*
stuur	*schwer, schwierig*
ruug	*rauh*
Gedüür	*Ausdauer, Geduld*
lichtfardig trecht kamen	*leicht fertig werden*
versöken, versocht	*versuchen*
verklaren	*erklären*
rieten, du rittst	*reißen*
fucht	*feucht*
doon, daan	*tun, getan*
Deek	*Decke*
röhren	*rühren*
bruken	*brauchen*
upweken	*aufweichen*
snieden, du snittst	*schneiden*
Munster	*Muster*
ansluten	*anschließen*
Quest, Quast	*großer Pinsel*
drägen	*tragen*
slankweg	*glattweg*
blieven, se blifft	*bleiben*
foor(n)s	*sofort*
luter	*lauter*
faten	*fassen*
böbelsten	*obersten*
daal	*herunter*
kriegen, du kriggst	*bekommen*

ümmer foors akraat an de Stäe , wo du ehr henhebben wullt, aver se lett sik lichfardig noch hen un her un up daal schuven. Wenn se denn richtig sitten deit, so nimmst du 'ne grode Börst oder 'n rennlichen Futt un strickst de Folen suutje na de Siet weg. Wenn ik dat wusst harr, dat di dat intresseert, denn harr ik di maal mitnahmen. Nu is dat to laat. Mit dat Tapzeern bün ik al klaar. Wat dr noch to doon is, dat is man bloots Püttjerkraam. De Finstern mööt noch streken weren. Lampen mööt ik noch uphangen, un in'n Keller gifft dat ok noch wat to doon. Dar fallt mi bi in, dat Anke ehre Waschmaschien in 'n Keller upstellen will un dat dar noch kien Wateransluss is. Wo is dat, kannst du mi den nich eben maken ?För di at Slosser is dat jo man 'n Klacks, un ik weet, du kannst ok nich ahn Arbeit to. Du nickkoppst ? Du büst 'n Baaskeerl. Denn haal ik di morgen fröh af.	Stäe, Stää, Steed, *Stelle* schuven *schieben* Börst *Bürste,* Futt *Lappen* Folen,Fooln *Falten* suutje *sanft, vorsichtig* laat *spät* dr (d'r) Abk. van dar, Püttjerkraam *Kleinigkeiten* streken (ä) *gestrichen* Wateransluss *Wasseranschluß* Klacks *Kleinigkeit* ahn *ohne* nickkoppen *zunicken* Baaskeerl *vortrefflicher Mann*

Schrief is eben !

Haustür ____________ *Kammer* ____________ *Wohnstube* ________ __

Geduld ____________ *Wasser* ____________ *sofort* ____________

Die Mehrzahlbildung

Das Plattdeutsche verfügt über sechs Arten der Mehrzahlbildung. Zum Teil sind diese uns vom Hochdeutschen her bekannt, doch ist die Verteilung der Hauptwörter auf die verschiedenen Klassen nicht gleich. Regeln gibt es dafür nicht. Am besten, wir verschaffen uns einen kleinen tabellarischen Überblick !

1.) Mehrzahlbildung auf -en oder -n

Bloom	Blomen	Plant	Planten
Fleeg	Flegen	Taß	Tassen
Oog	Ogen	Steen	Stenen
Straat	Straten	Roos	Rosen
Stuuf	Stuven	Kamer	Kamern
Flies	Fliesen	Tapeet	Tapeten
Farv	Farven	Lamp	Lampen
Fool	Folen	Saak	Saken

2.) **Mehrzahlbildung auf -er,**
wobei a, o und u häufig zu Umlauten werden.

Book	Böker	Hohn	Höhner
Dook	Döker	Bild	Biller
Kleed	Kleder	Stock	Stöcker
Kind	Kinner	Lock	Löcker
Land	Länner	Lamm	Lämmer
Muus	Müüs	Huus	Hüüs, Hüser
Ding	Dinger	Lock	Löcker

3.) **Mehrzahlbildung auf - s**

Appel	Appels	Vagel	Vagels
Deern	Deerns	Jung	Jungs
Arm	Arms	Finger	Fingers
Emmer	Emmers	Plaan	Plaans

4.) **Mehrzahlbildung durch Umlaut**

Boom	Bööm	Knoop	Knööp
Foot	Fööt	Slag	Slääg
Woord	Wöör	Muus	Müüs
Hoorn	Höörn	Goos	Göös
Gast	Gäst	Buuk	Büük

5.) **Mehrzahlbildung durch Längung des Stammvokals**

Dag	Daag	Brett	Breed
Weg	Weeg (ä)	Perd	Peer (ä)

6.) **Sonderfälle**

Bei einigen Hauptwörtern stimmen Einzahl und Mehrzahl überein. Nur in Ausnahmefällen wird die Mehrzahl durch ein anderes Wort ausgedrückt.

Knaken	Knaken	Koken	Koken
Mann	Mannslü	Koopmann	Kooplü

Gelegentlich gibt es für das gleiche Wort mehrere Mehrzahlformen (Faß/Fässer - Fatt/ Fatten, F<u>öö</u>t)

Hauptwörter von A bis Z in Redewendungen

A	He is glatt as 'n Aal.	Er ist gewitzt.
B	He hett sik wat an't Been bunnen.	Er hat sich Schulden aufgeladen.
C	He is un blifft 'n goden Christ.	Er ist und bleibt ein Wohltäter.
D	Mit wat övern Diek gahn.	Beute machen.
E	Bi mi is Ebbe.	Bei mir ist nichts zu holen.
F	Dat Fell över de Ohren trecken	Jemanden ausnutzen.
G	Mit wat nich to Gangen kamen.	Etwas nicht schaffen.
H	Sik de Hacken aflopen.	Sich um etwas bemühen.
I	'n Infall as 'n oolt Huus.	Eine schlechte Idee.
J	He kummt nich ut 'n Jan.	Er kommt mit der Arbeit nich voran.
K	Dat paßt as Knüppel up 'n Kopp.	Das harmoniert nicht gut.
L	Wat an Land trecken.	Sich etwas aneignen.
M	Wat in de Melk to krömen hebben.	Wohlhabend sein.
N	Sik in 't warme Nest setten.	Reich heiraten.
O	Hool de Ohren stief !	Bleib gesund !
P	Sik up 't hoge Perd setten.	Sich aufspielen.
Q	Quarkbüdels sünd Keesbüdels.	Nörgler sind unbeliebt.
R	Wat achter de Ribben packen.	Tüchtig essen.
S	In 'n Sack haun.	Die Arbeitsstelle aufgeben.

T	Wat an 't Tüüg flicken.	Etwas Übles nachsagen.
U	Dar hett 'n Uhl säten.	Daraus ist nichts geworden.
V	Enen Vagel hebben.	Verrückt sein.
W	An 'n Wagen föhren.	Jemanden beleidigen.
Z	Ole Zegen sünd faken neelk.	Alte Leute sind oft sonderbar.

Öven un Pröven

1.) Segg is eben up platt !

Der Preis des Hauses war zu hoch.
Die anderen Häuser waren zu alt.
Ich habe zwei Wochen und drei Tage tapeziert.
Die Haustüren habe ich grün gestrichen.
In den Schlafzimmern muß ich noch Lampen aufhängen.
Anke gefiel der Farbton der Kacheln nicht.
Zuerst kam ich mit der Arbeit nicht voran.
Mit dem Haus hat er sich Schulden aufgebürdet
Er hat mit dem Kopf genickt (zugestimmt).

2.) Setze die Hauptwörter in die Mehrzahl !

Ik bring dat Huus up Schick.
Ik striek de Döör.
Ik kenn de Straat.
De Farv gefallt mi nich.
Dat Book is al oolt.
Dat Bild hangt scheef.
De Appel is suur.
Se hett den Disch na buten stellt.
Ik will enen Dag maal nich arbeiden.
De Fro hett veel to vertellen.
Den Knaken kann de Hund woll noch afgnabbeln.
De Koopmann spendeert wat för de Tombola.

3.) Setze die Hauptwörter in die Einzahl !

He hett dree lustige Wiever in sien Huus.
Se hett den ganzen Dag nich teihn Wöör seggt.
Vandagen kellt (schmerzen) mi de Knaken.
De Deerns schöllt mit de Emmers kamen.
Hest du vanmorgen de Vagels in de Bööm höört ?
De Kinner hebbt in 'n Garen grode Löcker purrt.(aufgewühlt)

Maak de Knööp van diene Jack dicht !
He hett sik de Fingers quetscht (pramst).
Blief buten mit diene schetterigen Fööt !

Een Ollnborger Döntje, half hooch, half platt

Großherzog Nikolaus Friedrich Peter ging nach alter Gewohnheit über den Oldenburger Markt. Da sah er, wie eine Marktfrau von zwei vor ihr liegenden Birnen eine ergriff und abschälte, um sie zu verspeisen. Der Großherzog trat rasch heran, langte sich die zweite Birne, biß genußvoll hinein und sprach :
"Leve Fro ! De moien Beren mööt' Se nich eerst schillen. De mööt' Se so so eten ! "
Die Marktfrau erwiderte :
"Ja, Herr Großherzog, dat do ik anners ok. Man vörhen is mi ene van de beiden Beren in 'e Schiet fullen , un nu weet ik nich mehr, wecke dat wesen is."

Setze in die Mehrzahl !

Goos ___________ *Dag* ___________ *Knoop* ___________ *Slag* ___________

Roos ___________ *Huus* ___________ *Stock* ___________ *Appel* ___________

Lex fief 5

Up'n Wekenmart **Auf dem Wochenmarkt**

Peter	Kiek maal, Anke, disse Magritten, laat de nich moi ?	laten *aussehen*
Verk.	Moin, ji beiden ! Magritten ? Woveel drööft dat denn wesen ?Twee Dutz ?	moi, moje *schön* moin ! (meun) Grußformel
Anke	Nä, de sünd jo groot ! Een Dutz is noog.	noog *genug*
Verk.	Een, twee, dree, veer, fief, sess, seven, acht, negen, teihn, ölben, twölf. Dat maakt denn veer Mark un achzig. Wo weer't denn mit'n lüttjen Struuß Rosen ?	achzig = tachentig Struuß *Strauß*
Anke	Wat kost de ?	
Verk.	Nengzig Pennig dat Stück	
Anke	Denn geeft Se mi man 'n half Dutz.	
Verk.	Seß Stück un eene överher. Rosen maakt sik beter in 'n ungrade Tahl.Dat sünd denn fief Mark un veertig. Mit de Magritten tosamen teihn Mark un twintig Pennig. (Peter betahlt, un Anke is middewiel al an'n annern Stand gahn.)	överher *obendrein* ungraad *ungerade* (auch: uneven) middewiel *mittlerweile*
Anke	Peter, laat us man 'n paar Appels mitnehmen. Disse roden hier, de seht lecker ut.	
Peter	Hebbt Se ok Beren ?	Beer, Beren (ä) *Birnen*
Verk.	Um disse Jahrstiet nich. Aver wo is 't denn mit Stickberen ? De hebbt veel Vitamin C.	Stickberen *Stachelbeeren*
Anke	Weegt Se us man twee Kilo Appels un 'n half Kilo Stickberen af !	wegen (ä) *wiegen*
Verk.	Dröff't 'n beten mehr wesen as twee Kilo ? Bi Appels mutt 'n mehrstens mit Verscheel reken.	dröff 't = dröff dat *darf es* mutt m' *muß man* Verscheel (ä) *Unterschied*
Anke	Woveel scheelt dat denn ?	schelen *(ä) Unterschied.*

Verk.	Hunnert Gramm. Dat sünd för teihn Pennig mehr.	*machen*
Anke	Up den Groschen kummt us dat nich an.	Groschen *10 Pf.-Münze*
Verk.	Denn maakt dat tosamen dree Mark dartig.	
Peter	Hier sünd fief Mark.	
Verk.	Eene Mark söbentig retuur. Veeln Dank ok !	Grööntüüch *Gemüse*
Anke	So, nu fehlt us bloots noch dat Grööntüüch. Wat wüllt wi nehmen ? Blomenkohl , Swartwuddeln oder Spargel ?	fehlen (ä) Wuddeln *Wurzeln*
Peter	Na Swartwuddeln is mi gar nich mehr so lecker Laat us man grönen Salaat nehmen un wecke van de dicken Puffbohnen, wenn't de noch gifft. Du weest jo, de eet ik för mien Leven geern.	lecker wesen na wat *Appetiet haben auf etw.* weten, du weest *wissen*
Anke	Kiek maal ! Dar hebbt se ok junge Wuddeln. De seht moi aptietlich ut.	
Peter	Denn nehm doch 'n Bund!. De k<u>öö</u>nt wi woll roh eten. Dat schall goot wesen för de Ogen.	k<u>o</u>nen *können*
Anke	So , nu maal na de Reeg ! Twee un 'n half Kilo Katüffeln, een Kilo dicke Bohnen, een Bund Wuddeln, een Kopp Salaat, un dat harr 'k binah noch vergeten : een Struuß Petersielje.	Reeg *Reihe* harr 'k *hätte ich* binah *beinahe*
Peter	Passt dat all in usen Korf rin ?	Korf *Korb*
Anke	Wenn nich, denn hebbt wi jo noch de gele Tasch. Kumm, Peter, geef mi dien Knipp un pack den ganzen Kraam in !	gele (ä) Knipp *Geldbörse*
Verk.	Negen Mark un dartig, junge Fro .	
Anke	K<u>öö</u>nt Se 'n Hunnertmarkschien wesseln ?	wesseln *wechseln*
Verk.	Ik denk, dat schall woll gahn. Teihn, twintig, dartig veertig, fofftig un fofftig sünd hunnert. Velen Dank ok, un tschüüs bit neegste Week !	

Fürwörter Pronomen

Bei den persönlichen und besitzanzeigenden Fürwörtern gibt es für jedes Geschlecht nur zwei Fälle. Der Wemfall und der Wenfall sind in einer Form vereint.Der Wesfall wird wie beim Hauptwort umschrie ben. Das Problem der Verwechslung von Fürwörtern, wie es im Hohdeutschen z.B. bei "mir" und "mich" besteht, gibt es im Plattdeutschen nicht. Hier heißt es in jedem Fall "mi" bzw."di".

1.) **Persönliche Fürwörter**

Hochdeutsch				Plattdeutsch	
1.Fall	2.Fall	3. Fall	4.Fall	1. Fall	3./4. Fall
ich	meiner	mir	mich	ik	mi
du	deiner	dir	dich	du	di
er	seiner	ihm	ihn	he	em
sie	ihrer	ihr	sie	se	ehr (ä)
es	seiner	ihm	es	(it)dat	(it)dat)
wir	unser	uns	uns	wi	us (uns)
ihr	euer	euch	euch	ji	jo
sie	ihrer	ihnen	sie	se	ehr (ä)

Das plattdeutsche Fürwort, das dem hochdeutschen "es" entspricht (3. Person, Einzahl, sächlich),lautete vor hundert Jahren noch "it". Es ist aber fast ganz von "dat" verdrängt bzw. zu der Kurzform 't abgeschliffen worden.

Die Höflichkeitsform lautet "Se", auch im 3. Fall.

Beispiel: Ik kenn Se nich. Ik kann Se dar nix to seggen.

2. Besitzanzeigende Fürwörter

Einzahl des Besitzes					Mehrzahl des Besitzes
1. Fall		3./4. Fall			1.,3.u. 4. Fall
mä/sä	weibl.	männl.	weibl.	sächl	männl.weibl.sächl.
mien	miene	mienen	miene	mien	miene
dien	diene	dienen	diene	dien	diene
sien	siene	sienen	siene	sien	siene
ehr	ehre	ehren	ehre	ehr	ehre
us/uns	use	usen	use	us	use
jo	joe	jon	joe	jo	jone
ehr	ehre	ehren	ehre	ehr	ehre

3. Hinweisende Fürwörter

de	der	disse(n)	dieser(n)
de	die	disse	diese
dat	das	dit	dieses
den	dem/den	dat	das

Satzbautafel

Ik	kenn seh hölp roop fraag glööf	di em ehr jo

Es lassen sich 24 verschieden Sätze bilden, z.B.
Ich sehe dich.
Ich helfe ihm.
Ich glaube euch.

Schrieф is eben !

Diese Äpfel ________________ *Meine Geldbörse* ________________

Eure Wurzeln ________________ *Unsere gelbe Tasche* ________________

Gib ihm das Geld ! ________________ *Diese Birne* ________________

Zahlwörter

a) ***Bestimmte Zahlwörter:***

1	een	18	achteihn
2	twee	19	negenteihn, nängteihn
3	dree	20	twintig
4	veer	30	dartig, dörtig
5	fief	40	veertig
6	sess,sess,söss	50	fofftig,föfftig,
7	seben,seven,söben	60	sesstig,sesstig,sösstig
8	acht	7o	seventig,söbentig
9	negen	80	achzig,tachentig
10	teihn	90	negentig, nängzig
11	ölven, ölben	100	hunnert
12	twölf, twolf,	1000	dusend
13	darteihn,dörteihn	1.	de eerste
14	veerteihn	2.	de tweete
15	foffteihn,föffteihn	3.	de drüdde
16	sessteihn,sössteihn	4.	de veerte
½	een half	¼	een viddel
1½	annerthalf		

b) Unbestimmte Zahlwörter:

veel, wenig, nix, wat, keen (kien, nien),all, allens,paar, wecke. männich, een Barg, een beten.

Öven un Pröven

Segg is eben up platt !

Heute ist der 26. Mai 1996
Kartoffeln kaufen wir auf dem Wochenmarkt.
Hast du deine Geldbörse bei dir ?
Ich schenke dir diese Lilie.
Wieviel kostet ein Dutzend Rosen ?
Ich gebe euch eine Rose dazu. (överher)
Nun fehlen uns noch die Schwarzwurzeln.
Wieviel macht das aus ? (schelen)
Die Birnen müssen Sie nicht schälen.
Können Sie mir hundert Mark wechseln ?

Kannst du up disse Fragen antwoorden ? (antern, Bescheed geven)

Wat kost een Kilo Swartbroot ?
Gifft dat up'n Mart ok Aanteneier ?
Wennehr sünd de Kartüffeln na Düütschland kamen ?

Satzbautafel

Du	kannst	mi	afhalen
		em	besöken
Se	köönt	ehr	hölpen
		us	nich troon

16 Sätze.

z.B.

Du kannst em nich troon

Schrief is eben ! *Ein halbes Dutzend Rosen* ______________________

Zwei Pfund Schwarzwurzeln ______________________

Wo haben Sie Ihren Korb ? ______________________

Lex sess 6

Grete will Autoföhren lehren

Grete	Rolf, ik heff mi dat överleggt, ik will nu doch den Föhrerschien maken.	leren , lehren *lernen + lehren*
Rolf	Recht so, Grete, denn mell di morgen man foors an !	mellen *melden*
Grete	Dat Fahren ward mi seker nich so stuur falln. Ik bün jo fröher al veel mit mien Vadder sienen Trecker up't Land rumkarjoolt, aver all de neen Vörschriften, of ik de in mienen Kopp rinkrieg ? Wat meenst du ?	stuur *schwer* Trecker *Traktor*
Rolf	Warum schust du dat woll nich könen ?	schust *solltest*
Grete	Du kannst mi sachs 'n beten darbi hölpen.	sachs *vielleicht*
Rolf	Dat will ik geern doon. An'n besten, du fragst mi, wat du weten wullt.	
Grete	Nu foors ?	foor(n)s *sofort*
Rolf	Ja, man to !	
Grete	Wo is dat mit de Kupplung ? Is dat bi'n Auto jüst so as bin'n Trecker ?	
Rolf	Jüst so. Ik much woll seggen, bi'n Auto geit't allens noch lichter as bi'n Trecker.	
Grete	Woveel Gänge hett us Auto denn ?	
Rolf	Us hett fief, un mit den Trüggelsgang sünd dat sogaar sess..	trüggels *rückwärts*
Grete	Is de eerste Gang bloots to'n Anföhren ?	
Rolf	Ja, dat stimmt. Un de fiefte , dat is'n Spaargang. Den bruukt man bloots up lange Streken, wenn dat Tempo hooch noog is.	Streek (ä) *Strecke*
Grete	Wennehr mutt 'n denn umschalten in den fieften Gang ?	
Rolf	So wat bi nengzig rum.	
Grete	Woso hebbt wi denn nich'n Auto mit automatische Gangschaltung ?	
Rolf	Ik weet't nich recht. Eerstens kost so'n Auto jo mehr, un tweetens maakt mi dat Schalten nix ut:	
Grete	Wat meenst du, hebbt de Autos in'e Fahrschool all automatische Gangschaltungen ?	
Rolf	Ik glööf, du kannst dat wählen, up wecke Aart du utbillt weern wullt.	
Grete	Wat schall ik denn wählen ?Wat meenst du, wat is lichter ?	
Rolf	Wenn du laterhen mit us Auto föhren wullt, denn weer dat jo unklook, mit Automatik antofangen.	laterhen *später*
Grete	An wen schall ik mi denn wennen, an den olen oder an den jungen Fahrlehrer ?	wennen *wenden*
Rol	Ik weet jo gar nich, dat dar ok 'n jungen mit togangen is. Well hett di dat vertellt ?	togangen wesen *beschäftigt sein*
Grete	Ik heff dat sehn, as se hier annerlestens dör use Straat föhrt sünd.	annerlestens *vor kurzem*
Rolf	Hier sünd de dörföhrt ? Dat kann jo woll nich angahn. Use Straat is doch 'n Sacktwiet !	angahn *möglich sein* Twiet *Gasse*
Grete	Ja, dar günnen an't Enn hefft se woll dat Wennen ööft.	wennen *wenden*
Rolf	Wat för'n Auto weer dat denn ? Een VW oder 'n Mercedes ?	wat för'n *was für eins ?*
Grete	Wat weet ik dr van ? Markst du dat gar nich, Rolf, eenlich schull ik de Fragen stellen. Un well stellt se nu ? Du !	eenlich ,egentlich *eigentlich*

Fragefürwörter

wor	*wo*	worher	*woher*
wo	*wie*	worum	*warum*
woveel	*wieviel*	wen,welkeen	*wen , wem*
woso	*warum*	well, keen	*wer*
wat	*was*	wecke	*welche(r)*
wennehr	*wann*	wecken	*welchen*
worhen	*wohin*	wecket	*welches*

Die zusammengesetzten Fragefürwörter "worher" und "worhen" werden meistens getrennt, d.h. die Silben "her" bzw. "hen" treten an das Ende des Fragesatzes.

Beispielsätze

Wo kann't angahn ?	Wie ist's möglich ?
Wo hett he dat maakt ?	Wie hat er es gemacht
Woveel Kinner hest du ?	Wieviele Kinder hast du ?
Wennehr fangt dat Footballspill an ?	Wann fängt das Fußballspiel an ?
Wor wüllt wi us drapen ?	Wo wollen wir uns treffen ?
Wor geiht he hen ?	Wohin geht er ?
Wor kummt se her ?	Woher kommt sie ?
Worum büst du nich kamen ?	Warum bist du nicht gekommen ?
Woso büst du vergrellt ?	Warum bist du böse (verärgert) ?
Wat denkst du di darbi ?	Was denkst du dir dabei ?
Well van jo kann nich swemmen ?	Wer von euch kann nicht schwimmen ?
Wen (welkeen) sochst du hier ?	Wen suchst du hier ?
Wat is dat för'n Fisch ?	Was für ein Fisch ist das ?
Wecke Hoot höört di to ?	Welcher Hut gehört dir ?
Wecken wullt du hebben ?	Welchen willst du haben
Wecket Huus hett kiene Finster ?	Welches Haus hat keine Fenster ?

Nu stell du de Fragen up platt un geef dar ok de Antwoorden to !

Wieviele Gänge hat ein Auto ?
Wann willst du deinen Führerschein machen ?
Was für ein Auto hat der Fahrlehrer ?
Woher kommt der neue Fahrlehrer ?
Welche Verkehrsregeln kennst du schon ?
Wohin willst du zum erstenmal alleine fahren ?
Wer fährt mir das Auto aus der Garage ?
Wie wird der Spiegel eingestellt ?
Welcher Knopf ist für die Nebellampe ?
Warum hast du die Handbremse nicht angezogen ?
Was machst du, wenn die rote Lampe aufleuchtet ?

Satzbautafel

De grönen Appels De jungen Wuddeln De Blomenkohl De dicken Bohnen	smeckt gefallt	mi di ehr us em	nich goot best

Schrief is eben !!

Diese roten Äpfel ________________ *Welche Birnen ?* ________________

Dieses Messer ________________ *Welches Auto ?* ________________

Wann muß ich umschalten ? ________________________ ?

Lex seben

7

Telefoon för Slüterborg

(In dieser Lektion werden die Zeitwörter (Verben) behandelt.. Um sie hervorzuheben, erscheinen sie im einführenden Text in Kursivschrift.)

In Slüterborg *wahn(de)* een Buur Gerdes, de harr kien Telefoon. Nich dat he dar kien Geld för *hatt harr !* Nä, dat nich. He *wull* mit so enen Düvelsapperaat nix nich to *doon hebben.*
Siene Fro un siene Dochter *verdroot* dat. Se *sään :*
"Och Vadder, wi *weet gar nich,* wat du dorgegen *hest. Stell* di doch maal vör, wenn een von us krank *ward,* denn *köönt* wi eenfach den Doktor *anpingeln,* un he *kummt* denn in't Huus Un ok wenn de Veehdokter maal *kamen mutt,* denn *hööfst* du nich extra mit'n Rad in't Dörp *föhren* un em Bescheed *seggen."*
"Nä ", *sä* de Buur , "för sowat *smiet* ik dat Geld nich ut'n Finster rut. Un nu *geeft* jo ! "
Eensdaags *besoch* Gerdes sienen Naber Braue, ok'n Buur aver een, de mit de Tiet *gung* un 'n Telefoon *harr, versteiht sik.* Se *seten* in de lüttje Stuuv un *vertellden* sik wat. Braue *weer* Gemeenvörstahner un *harr* dat mit sien Politik, un Gerdes *fung* ümmer woller von sien Veeh an to *snacken* . De Veehkoopmann Krey *harr* langen nich mehr bi em *rinkeken,* un he *wull* em doch so geern een paar Ossen *verköpen.*
In de Stuuv *hung* dat Telefoon. Gerdes *seet* mit'n Rügg darna to un *weer* dat noch gar nich *wies wurrn* . Miteens *pingel(de* de Klock achter em, un he *schoot* tosamen as so'n hiddeligt Perd. Braue *nehm* dat Höörrohr van de Gaffel un *sä* sienen Naam. An dat anner Enn van de Leitung *mell(de)* sik Veehkoopmann Krey. He *froog* Braue, of he van em nich 'n paar Ossen kriegen kunn . "Nä, " *sä* Braue, "damit kann ich leider nicht dienen. Aber mein Nachbar Gerdes ist gerade hier.Ich glaube, er kann Ihnen etwas anbieten. Sprechen Sie man eben selbst mit ihm. "
Braue geef sienen Besöök dat Höörrohr in'e Hand un sä :
"Wenn 'n van'n Düvel snackt, denn is he dicht bi. Krey is dar. He bruukt nödig 'n paar Ossen. Snack du man eben mit em."
Gerdes weer teemlich verdattert, as he so unvermodens dat verflixte Ding *to faten kreeg.* He *haal* deep Luft un denn *fung* he hoochdüütsch an to *stötern :* " Ja, Herr Krey,....ich habe einige Ochsen zu verkaufen." Wieter *keem* he eerstmaal nich. Dat Hoochdüütsch *weer* em bannig stuur *fulln.*
Nu *harr* Krey dat Woort, un na'n lüttje Sett *antwoorde* Gerdes, aver nu freeweg up platt : "*Afmaakt,* Krey, denn *kaam* man morgen fröh. Klock negen *hebb* ik de Ossen up'n Hoff. Dar *kannst* du ehr *afhalen.* ... Un noch wat, Krey,ik heff jo gar nich *wusst,* dat'n ok Platt *snacken kann* dör't Telefoon. *Weest* wat : Ik *laat* mi nu ok so 'n Dings *herleggen* . Denn *kannst* du mi jedertiet *anropen,* wenn maal Noot an'n Mann is.

wahnde *wohnte*
Düvel *Teufel*
verdroot *verdroß*
anpingeln *anrufen*
höven *brauchen*
Dörp *Dorf*
smieten *werfen*
gääft jo *schickt euch*
besöken *besuchen*
vertellen *erzählen*
Vörstahner *Vorsteher*
fung *fing*
keken (ä) *geschaut*
Ossen *Ochsen*
hung *hing*
wat wies weern *bemerken*
Gaffel *Gabel*
wenn 'n = *wenn man*
unvermodens *überraschend*
stötern *stottern*
bannig *sehr*
Sett *Weile*
afmaakt *abgemacht*
afhalen *abholen*
wusst *gewußt*
leggen *legen*

Zeitwörter — Verben

Die Zeitwörter sind die Wörter, die ihre Form nach Person und Zeit am stärksten verändern. Es gibt Sprachen, in denen ein Zeitwort bis zu 50 verschiedene Formen annehmen kann. Das Plattdeutsche hat nur 10 verschiedene Verbformen aufzuweisen und gehört deswegen mit zu den leicht erlernbaren Sprachen. Ihre Flexionsmuster gleichen weitgehend denen des Hochdeutschen.

1. Die Beugung der Zeitwörter (Flexion der Verben - Konjugation)

a) Die starken Verben

Verben, die stark gebeugt werden, haben in der Vergangenheit im Stamm einen anderen Vokal als in der Gegenwart. Man nennt diese Vokalveränderung Ablaut.

Beispiele :

kamen	keem	kamen	kommen	kam	gekommen
ropen	reep	ropen	rufen	rief	gerufen
scheten	schoot	schaten	schießen	schoß	geschossen
nehmen (ä)	nehm	nahmen	nehmen	nahm	genommen
kieken	keek	keken (ä)	gucken	guckte	geguckt
smieten	smeet	smäten(ä)	werfen	warf	geworfen
slapen	sleep	slapen	schlafen	schlief	geschlafen
fangen	fung	fungen	fangen	fing	gefangen
supen	soop	sapen	saufen	soff	gesoffen
sitten	seet	säten	sitzen	saß	gesessen

Das Mittelwort wird im Hochdeutschen in der Regel mit der Vorsilbe ge- gebildet und endet meisten auf -en, seltener auf -t Im Plattdeutschen gibt es die Vorsilbe ge- bei der Bildung des Mittelwortes nicht. Die Endungen -en und -t stimmen mit den hochdeutschen überein.

Die starken Verben können in der 2. Person (du) und in der 3. Person (he, se) sowie in der Mehrzahl (wi, ji, se) einen anderen Vokal als in der Grundform haben.

Beispiele:

Grundform	1. Person	2. Person	3. Person	Mehrzahl
kamen	ik kaam	du kummst	he kummt	wi kaamt
ropen	ik roop	du röppst	he röppt	wi roopt
flegen	ik fleeg	du flüchst	he flüggt	wi fleegt
nähmen	ik nähm	du nimmst	he nimmt	wi nähmt
smieten	ik smiet	du smittst	he smitt	wie smiet

Ablautreihen

Die obigen Beispiele verdeutlichen, daß es verschiedene Vokalveränderungen gibt. Man kann sie zu sogenannten Ablautreinen zusammenfassen und ordnen.Welche Gesichtspunkte dabei eine Rolle spielen, ist für den Lernenden unwichtig. Mit ein wenig Sprachgefühl und Gehör für Reimwörter wird er sich schnell in der Liste der 50 wichtigsten starken Verben zurechtfinden

Eine vollständige Konjugationstabelle hat 9 Spalten und sieht folgendermaßen aus :

Grund-form	Gegenwart				Vergangenheit			
	ik	du	he, se dat	wi, ji se	ik	du	he,se ,dat	wi, ji, se
ropen	roop	röppst	röppt	roopt	reep	reepst	reep	repen
gahn	gah	geihst	geiht	gaht	gung	gungst	gung	gungen

Die folgenden auf 3 Personalspalten reduzierten Konjugationstabellen sind nach Ablautreihen geordnet. Nur für das jeweilige erste Beispiel ist ein Flexionsmuster angegeben. Die fehlenden Formen können mit Leichtigkeit selbst gefunden werden.

Grundform		1.Pers	2.Pers.	Vergangh.	Mittelwort
hochdt.	plattd.	ik	du	ik,he	ik heff,ikbün
greifen	griepen	griep	gripst	greep	gräpen
kneifen	kniepen				
beißen	bieten				
reißen	rieten				
werfen	smieten				
streichen	strieken				
schleich.	slieken				

treiben	drieven	drief	driffst	dreef	dreven
reiben	(w)rieven				
bleiben	blieven				
schreiben	schrieven				
bekommen	kriegen				
schneiden	snieden				
reiten	rieden				
leiden	lieden				

fliegen	flegen	fleeg	flüchst	floog	flagen
betrügen	bedregen				
schießen	scheten				
gießen	geten				
frieren	freren				
verlieren	verleren				

saufen	supen	suup	supst	soop	sapen
kriechen	krupen				
schließen	sluten				

binden	binnen	binn	binnst	bunn	bunnen
finden	finnen				
singen	singen				
springen	springen				
trinken	drinken				
spinnen	spinnen				

helfen	hölpen	hölp	hölpst	hulp	hulpen
melken	mölken				
schelten	schellen	schell	schellst		
sterben	starven	starf	starfst		
verderben	verdarven				
schwimmen	swemmen	swemm	swemmst		

nehmen	nehmen(ä)	nähm	nimmst	nehm	nahmen
kommen	kamen	kaam	kummst		
sprechen	spreken			sprook	
brechen	breken(ä)				

essen	eten (ä)	eet	etst	eet	äten
fressen	fräten				
messen	meten (ä)				
vergessen	vergeten				
stecken	steken(ä)				
geben	geven (ä)		giffst		
lesen	lesen (ä)		list		

sitzen	sitten	sitt	sittst	seet	säten
liegen	liggen				

schlagen	slagen	sla	sleist	sloog	slagen
tragen	dregen(ä)	drääg	dräggst		
fangen	fangen	fang		fung	fungen
fallen	fallen	fall	fallst	full	fullen

Übersetzungsübungen mit starken Verben
Im Zweifelsfalle in den Konjugationstabellen nachschauen !

Gegenwart

Ich werfe den Stein.
Ich fliege nach Berlin
Ich lese ein Buch
Du streichst die Tür.
Du bleibst hier.
Du trinkst zu viel
Er hilft mir
Sie schwimmt jeden Tag.
Wir essen Grünkohl.
Ihr singt schön
Sie sprechen Plattdeutsch.
Der Hund beißt
Die Katze schleicht.

Vergangenheit

Ich schrieb einen Brief.
Ich riß das Band ab.
Er strich die Fenster.
Sie goß das Wasser aus.
Er trank nur Tee.
Wir aßen viel Reis.
Er half mir.
Ihr lagt noch im Bett.
Sie trugen ihn hinaus.
Sie kamen am Sonntag.
Der Vogel flog weg.
Das Kind kroch.
Die Katze schlich.

Ole Seggwiesen

De Bree ward so heet nich upeten, as he upladen ward.
Gegen 'n Backaben kann man doch nich jahnen. *(gähnen)*
De Vagels, de morgens singt, haalt 's avends de Katt.
Well sik för'n Pannkoken utgifft, ward dr för upfreten (ä).
Pack sleit sik, Pack vergeiht sik .. *(vertragen)*.
Twee vergaht sik, dree slaat sik.
Een beten scheef hett Gott leef.

3. Kinnerriemels

Meier lee Eier
in'n Brummelbäärbusch.
Wull se verköpen
un harr kiene Lust.
Do kemen de Reiher,
klaun Meier sien Eier.
Piep sä Meier,
un weg weern sien Eier.

Hans seet bi'n Schosteen
un flick siene Scho.
Do keem so'n lütt Deern an,
de keek em nipp to:
"Hans, wenn du freen wullt,
denn free du man mi.
Ik heff veel Dalers,
de schenk ik di."

Lex acht 8

August weer 'n Originaal.

Nu liggt he unner de Eer, us leve August.
Bi sien Gräffnis sünd wi all dat noch maal wies worrn, wat för'n gediegenen Minsch he weer. Den Sarg, wo he dar in upbahrt weer in'e Kark, den harr he sik vör Jahren al sülven maakt. De unwennte Form, dat slichte Dannenholt un de swarten iesern Besläag fullen jedereen up un maken düütlich, wat de Pastoor över em to verkünnigen harr.
Ik heff em van mien Kinnertiet af an kennt, aver veel tosamen speelt hebbt wi nich. Van Football un överhaupt van Sport wull he nix weten. He harr ümmer ganz wat anners in'n Kopp. Meisttiets hult he sik in siene Warksteed up. Dar harr he ümmer wat to klütern. He dressel Holtschalen un Lampenfööt, repareer ole Klocken un Radios för Jan un all Mann un dach sik allerlei Tüdelkraam ut, wor nüms wat mit anfangen kunn.
As Jungkeerl harr ik em 'ne Tietlang ut de Ogen verloren. Wor he do wesen is, hett he nie nich vertellt. Wecke seggt, he harr säten, aver ik nehm an, he is to See föhrt un hett sik de Welt ankäken.
Sluck un Beer faat(de) he partu nich an, aver he kunn ok ahn Spriet hellsch vergnöögt wesen. Faken kreeg he siene Handharmonika her, un denn speel he as'n echten Muskant. Ik weet noch, eenmaal an enen warmen Sommerabend seet he in Stöltjes Busch baben up'n hogen Boom un speel "An'n Golf van Biscaja". All Lü bleven stahn un lüstern em to.
Wenn up'n Hochtiet oder up'n Danzvergnögen maal nich so recht Luun upkamen wull, denn stund he up, hult 'ne korte, passliche Reed oder vertellde Döntjes. Meisttiets gung't darna hooch her in'n Saal.
Sien Huus an'n Meenheitsweg hett he sik ganz alleen boot. Ganz egaal, wat dat weer, Müren, Timmern, Dackdecken, Leitungenleggen för Stroom un Water, dat geef nix, wat he nich kunn.
Wo he dat neven sien Arbeit as Schippboer up de Warft allns togangen kregen hett, dat mag de Düvel weten. As ik em dar maal na froog, do sä he :
" De Dag hett jo 24 Stunnen. Acht Stunnen bün ik up Arbeit, mehr as veer Stunnen Slaap bruuk ik nich, un denn is de Dag jo eerst half rum. Wat schall 'k denn in de anner Tiet maken ? Stunnenlang vör't Feernsehn sitten un mi den ahnweten Tüünkraam ankieken, dar heff ik kien Gedüür to."
Mitunner harr he ok siene Nücken. De Fro hett dat seker nich ümmer licht hatt, aver de Navers leten nix up em kamen.
He mutt ehr woll veel mit Hülp un goden Raat bistahn hebben. De eene, dat is'n Utlänner, mit den heff ik annerlestens maal snackt. De kunn em gar nich hooch noog röhmen."Bester Mann in Deutschland." sä he, un jüst so klung dat jo ok in den Pastoor siene Liekenpredigt, as he van "vorbildliche Nächstenliebe" snack(de). (snacken de, siehe S. 43 !)
Dat he nu doot is, will mi gar nich in'n Kopp. He is nich krank wesen un nix. Dat wart jo munkelt, dat he sik wat andaan hett, aver ik kann dat nich glöven. De Lü snackt veel Tüünkraam.

Eer *Erde*
Gräffnis *Beerdigung*
unwennt *ungewöhnlich*
von...af an *seit*
Warkstee(d) (ä)
klütern *werkeln*
dresseln *drechseln*
dach(de) *dachte*
seten (ä) *im Gefängnis gesessen*
ahn *ohne*
lüstern *lauschen*
Luun *Laune, Stimmung*
Reed (ä)
Meenheit *Allmende*
müren *mauern*
timmern *zimmern*
Schippboer *Schiffbauer*
togangen kriegen *fertigbringen*
Slaap *Schlaf*
ahnweten *dumm*
Gedüür *Ausdauer, Geduld*
Nücken *Eigenarten*
Hülp *Hilfe*
annerlestens *neulich*
röhmen *rühmen*
Liek *Leiche*
sik wat andoon *Selbstmord begehen*

Fragen

Wat kunn August allens ?
Wat weer August sien Profeschoon ?
Wo lang sleep he ?
Wat höll August van't Feernsehn ?
Wor stund August sien Huus ?
Ut wat för Holt harr he sienen Sarg boot ?

Fortsetzung zu "Beugung der Zeitwörter"

b) Schwache Verben

Die schwachen Verben behalten ihren Stammvokal in allen Konjugationsgationsformen bei.

Grundform	ik	du	he,se,dat	wi, ji, se
snacken hören wenen	snack höör ween	snackst höörst weenst	snackt höört weent	snackt höört weent

Der Vollständigkeit halber muß hier angemerkt werden, daß die Mehrzahlformen in Ostfriesland und in den sogenannten mittelalterlichen Siedlungsgebieten östlich der Elbe ein wenig davon abweichen. Dort heißt es nicht "wi,ji,se höört " und "wi, ji, se weent", sondern "wi, ji, se hören " und "wi, ji, se wenen" Gegenwart und Vergangenheit (Präteritum) unterscheiden sich in der Regel nur in der 3.Person.(Einz.: he,se,dat, Mehrz.:wi,ji,se)

Gegenwart				Vergangenheit			
ik	du	he,se	wi,ji,se	ik	du	he,se	wi,ji,se
öör luur maak	höörst luurst maakst	höört luurt maakt	höört luurt maakt	höör luur maak	höörst luurst maakst	höör luur maak	hören luren maken

Dieses einfache System hat es nicht immer gegeben, und auch heute hat es sich noch nicht überall durchgesetzt. Noch im vorigen Jahrhundert wurde die Vergangenheit der schwachen Verben wie im Hochdeutschen deutlich durch eine Endung van der Gegenwartsform unterschieden.Die Endung lautete -de bzw. -den .

Im Oldenburgischen hat sich die durch diese Endungen gekennzeichnete Vergangenheitsform vielerorts noch behauptet Hier muß die obige Tabelle demnach geändert werden. (siehe: folgende Seite !)

Satzbautafel

Ik heff mi Du hest di He hett sik Wi hebbt us Ji hebbt jo Se hebbt sik	ene Klock enen Ring een Book wat	kofft utsocht schicken laten mitbrocht

Die Vergangenheit der schwachen Verben

ik	du	he,se, dat	wi, ji, se
höörde	höördest	höörde	höörden
luurde	luurdest	luurde	luurden
maakde	maakdest	maakde	maakden
vertellde	vertelldest	vertellde	vertellden

Statt der hier angegebenen Formen werden in Nebensätzen häufig die Vergangenheitsformen von "doon" (ik dee, du deest, wi deen) in Verbindung mit der Grundform benutzt.

Beispiele:
As ik dat hören dee, do woor ik füünsch.
Wenn du dat maken deest......
Wieldes wi luren deen,....
Wat he us denn vertellen dee, ...

Das Mittelwort aller schwachen Verben wird durch Anhängen eines t gebildet:
ik heff luurt, ik heff höört, he hett kaakt, wi hebbt us wat vertellt, ik bün föhrt .
Geht der Stamm auf t oder tt aus, müssen ein Apostroph (') und ein zusätzliches t angehängt werden: sett't, wett't, acht't, rüst't . Bei einem echten Plattdeutschen glaubt man dieses nachgestellte t zu hören, aber meistens verschwindet es beim Sprechen. Plattdeutsche Autoren begnügen sich neuerdings damit, nur einen Apostroph anzufügen.(He hett sett' , Wi hebbt wett' , Dar heff ik nich up acht'.)

Kleine Auswahl eigentümlicher schwacher Verben

Grundform	Präteritum	Mittelwort	hochdeutsch
blarren	blarr(de)	blarrt	plärren
bören	böör(de)	böört	heben
böten	böt(de)	bött	heizen
dollschen	dollsch(de)	dollscht	hart anklopfen
dösen	döös(de)	döögst	schlummern
fisseln	fissel(de)	fisselt	fein regnen
gnickern	gnicker(de)	gnickert	kichern
högen	höög(de)	höögt	freuen
kellen	kell(de)	kellt	schmerzen
keudeln	keudel(de)	keudelt	panschen
knojen	knoje(de)	knojet	hart arbeiten
luren	luur(de)	luurt	ungeduldig warten
pisacken	pisack(de)	pisackt	peinigen
raken	raak(de)	raakt	scharr
schelen	scheel(de)	scheelt	Unterschied machen
schesen	schees(de)	scheest	eilig laufen
schünnen	schünn(de)	schünnt	verleiten,verführ.
schulen	schuul(de)	schuult	Schutz suchen
straken	straak(de)	straakt	streicheln
tagen	taag(de)	taagt	schleppen,ziehen
targen	targ(de)	targt	zerren, necken
tieren	tier(de)	tiert	sich gebärden

Übersetze ins Hochdeutsche !

Den Korf kann ik alleen nich bören.
Dat hett mi bannig höögt, dat du mi besocht hest.
De Ohren kullen (kellden) mi van de Küll.
He hett den ganzen Dag in'n Garen knojet.
Wi kemen teemlich laat. Se luurden al up us.
Well hett di dat anschünnt, dien Huus blau antostrieken ?
Trientje straakde den Olen över'n Kopp.
Taag doch nich dienen ganzen Speelkraam rut !
Hett diene Süster di ok ümmer targt, as du noch lütt weerst ?
Moder tiert sik upstunns afsunnerlich.
De verflixte Köter is mi utneit.
De Dokter hett mi gräsig pisackt.
Wenn he doch bloots nich so veel supen dee !
As he över August snacken dee, full mi dat in.

Satzbautafeln

Wi Se Ji	seten stunnen legen	in de Stuuv up de Deel in't Gras up'n Wagen	un drunken un eten un sopen	Koffee Koken Tee

Ik He Se	seet stund	in de Köök an'n Disch up'n Stohl	un schillde un sneed un eet	Appeln Kartüffeln Beren

Schrieven !

Ich rief ____________ *Wir riefen* ______________ *Ich ging* ______________

*Du schriebst*___________________ *Er hat mir geschrieben* ____________________

Du hast mich betrogen ____________________________________

Er konnte auch ohne Alkohol _______________________________

sehr vegnügt sein ____

Als der Pastor davon sprach, fiel mir ein, __________________________________

*daß er zur See gefahren war.*____

Lex negen 9

Jan van'n Moor

De Stegerlänners nöömden all de Torfschippers ut'n Düvelsmoor "Jan van'n Moor".Wo se richtig heten, dat wuss meist nüms, weer ok nich nödig. Ahn ehr to schrieven oder bi ehr antopingeln, kemen se jeden Harfst mit ehre hooch över Boord vullpackten Halfhuntscheep över de Werser un leggden an'n Stedinger Diek an.
Eene van de velen Anleggstäen weer dicht bi de Warflether Kark. Wenn de Dorpslü de brunen Segels in'e Kunn kregen, denn wahrde dat nich langen, un se trucken mit ehre Kaarn un Handwagen över'n Diek den Jan van'n Moor in'e Mööt. Jedereen wull sienen nödigen Vörraat för'n Winter unner Dack hebben.
All nadem wo groot sien Fahrtüüg weer, harr he woll teihn bit twintig Turen to maken. Man övermaten bruukde sik nüms to beielen. Wenn dat ene Schipp leddig weer, denn keem dat neegste meisttiets al in Sicht. Dat Angebott weer ümmer grötter as de Nafraag.
In Warfleth kreeg de Kark ümmer de eerste Schippsladung. Dat weer ene van de olen Regeln. Un ok, dat de Pastoor, de Küster, de Kumfermanden un all de Naverslü bi den Transpoort hulpen, dat verstund sik van sülben. To Pastoor Düsterbehns Tieden geef dat noch 'ne annere Regel : De lesten Torfkluten un dat Gruus van ganz unnen ut dat Schipp kreeg 'ne arme Wittfro umsünst. Meisttiets keem de eerste Jan van'n Moor al froh in'n Harfst, wenn noch kieneen an'n warme Stuuv dacht harr.
Een Jahr aver weer dat anners. De Harfst weer koolt, un up de Werser keem un keem kien Torfschipp mit swartbrune Segels in Sicht.Pastoor Düsterbehn kunn nich länger töven. To'n Glück full em de Naam van enen van de Torfschippers in, un korthannig schreef he 'n Postkaart in't Düvelsmoor:
"Lieber Herr Meyerdierks, bringen Sie uns bitte bald den Torf. Für die Kirche brauchen wir eine ganze Schiffsladung.Mit Gruß ! Ihr P. Düsterbehn, Warfleth."
Dat duurde man'n paar Daag, do nehm dat eerste Halfhuntschipp Kurs up de Warflether Kark. As Jan van'n Moor anleggen dee, do stunnen al männig Mannslü un Jungs praat. Gau weern de Fahrtügen mit moje , faste Torfsoden vullpackt. Man unner de böbelste Laag kemen mehr Kluten as Soden vördag, un tolest weer dat bloot noch Gruus, veel mehr as dat in anner Jahren begäng wesen weer.
De Pastoor keem hellsch in Raasch, as he de Saak wies woor. Mit siene lute Predigerstimm kreeg he den Torfschipper vör't Brett : "Herr Meyerdierks, wie können Sie es wagen, der Kirche so viel Grus zu liefern ? "
Jan van'n Moor keek den Paster mit siene lütjen, rotrannigen Unschullsogen ganz verwunnert an.He harr de hochdüütsche Fraag ganz goot verstahn, man em fullen de Wöör för'n passliche Antwoort nich foors in. He haalde noch maal deep Luft un denn sä he : "Avers , Herr Paster, Se hefft mi doch sülben schreven 'eine ganze Schippsladung mit Gruus ' ! "
Mehr harr he dar nich up to seggen. Un nu weer Düsterbehn jüst so verbaast as Jan van'n Moor. De Warflether Mannslü wussen nich mehr, wat se van ehren Paster holen schullen.
He harr dat doch annertiets ümmer so hooch in 'e Wöör un leet nie nich 'ne dösige Utreed gellen ! Swichtig arbeiden se wieter. Dat duurde 'n Sett, do keem ok de Wittfro. Se wull woll spiekeleern, woveel van de brune Fracht ehr dit

- nömen *nennen*
- heten *hießen*
- "Huntschipp" für 100 Körbe Torf
- in'e Kunn kriegen *gewahr werden*
- in'e Mööt *entgegen*
- all nadem *je nachdem*
- be-ielen *beeilen*
- leddig *leer*
- Kluten *Brocken*
- umsünst *umsonst*
- meisttiets, *in der Regel,*
- korthannig *kurzerhand*
- duren *dauern*
- gau *schnell,*
- böbelste *oberste*
- vördag kamen *zum Vorschein*
- begäng *üblich*
- Raasch *Wut*
- Paster *Pastor*
- Unschullsogen *Unschuldsaugen*
- haalde *holte*
- Gruus *Grus*
- verbaast *verdutzt*
- holen *halten*
- dösig *dumm*
- gellen *gelten*
- *schweigsam beobachten*

Jahr tokamen schull. Dat weer di 'n Höög, as se maal stillkens över Boord keek !"	*heimlich*
Aver in sien Verdreet leet de Paster de Kluten un dat ganze Gruus in de Karkschüün aftranporteern. Gnatzig langde he Jan van'n Moor dat Geld hen. De Torfschipper tellde dat suutje na un steek dat denn in sienen Büdel. He wull al adjüüs seggen, do greep de Paster noch maal in siene Rocktasch un sä : " So, Herr Meyerdierks, ich bin zwar nicht zufrieden, aber trotzdem will ich Ihnen eine Zigarre anbieten."	gnatzig *mürrisch* suutje *langsam*
Jan van'n Moor smuustergriende över't ganze Gesicht un anterde : "Dank ok, Herr Paster, nix gegen 'ne gode Ssigarr, aver anbieten do ik se mi lever sülben."	smuustergrienen *still-vergnügt lächeln* anbieten *anbeißen*
"Diese Sprachbarrieren sind ein Werk des Teufels!" tuusterde Düsterbehn de Keerls to, de noch bi em rumstunnen,. Aver dar harr tominnst he as Paster up faat't wesen musst, wenn he dat mit enen ut'n Düvelsmoor to doon harr !	faat't *gefaßt*

Fortsetzung zu "Beugung der Zeitwörter" - Konjugation

c) Die unregelmäßigen Verben

Zeitwörter, die weder in die starke noch in die schwache Beugung eingereiht werden können, nennt man unregelmäßig. Sie ändern den Stammvokal wie die starken Verben, bilden die Mittelform aber mit "t " wie die schwachen Verben.

Beispiele

Grundform	Gegenwart	Vergangenheit	Mittelform
wissen, weten	ik weet,	ik wuß,	ik heff wusst
legen, leggen	ik legg	ik lee	ik heff leggt
sagen, seggen	ik segg	ik sä	ik heff seggt
mögen, mögen	ik mach	ik much	ik heff mucht
können, kȫnen	ik kann	ik kunn	ik heff kunnt

Beispielsätze

Hest du dat wusst, dat de Paster den Torfschipper schreven hett ?
Wat hett de Wittfro denn seggt ?
Se sä, se wull sik dit Jahr mit Füürholt behölpen.
Ik heff den Slötel up de Finsterbank leggt.
Dar leeg he aver nich.
Wor hett de annere Slötel denn legen ?.

Satzbautafel

Ik heff	nich wusst,	dat he schreven hett.
Du hest	dat verstahn	dat dat Schipp kamen schull.
He hett	höört	wat de Torf kosten de.
Wi hebbt		dat de Paster so vergrellt weer.

d) Die Hilfsverben

Zu den unregelmäßigen Verben gehören die Hilfverben, die sehr wichtig sind bei der Bildung der vollendeten Gegenwart (Perfekt), der vollendeten Vergangenheit (Plusquamperfekt) und der Leideform (Passiv)

1. Die Flexion der Hilfsverben

	haben hebben	**sein** sien,wesen	**werden** warrn, weern
Gegenwart			
ik	heff	bün	weer
du	hest	büst	warst
he,se, dat	hett	is	ward
wi,ji,se	hebbt	sünd	weert
Vergangenheit			
ik	harr	weer	woor
du	harrst	weerst	woorst
he,se, dat	harr	weer	woor
wi,ji,se	haren	weren,weern	woren,woorn
Mittelwort			
	hatt	wesen	woren,woorn
Befehlsform			
Einz.	heff	wees	weer
Mehrz.	hebbt	weest	weert

2. Die vollendete Gegenwart

Die vollendete Gegenwart (Perfekt) wird gebildet mit einer Gegenwartsform van "hebben" bzw. bei Zeitwörtern der Bewegung mit einer Gegenwartsform van "sien "(= wesen,wään)und dem Mittelwort.

Ik heff al äten.	Ich habe schon gegessen.
Du hest mi bedragen.	Du hast mich betrogen.
Se hett Koffee kaakt.	Sie hat Kaffee gekocht.
He hett 'n Kaart schreven.	Er hat eine Karte geschrieben.
Wi hebbt usen Torf kregen.	Wir haben unseren Torf bekommen.
Jan van'n Moor is ankamen	Jan vom Moor ist angekommen.
He hett al anleggt.	Er hat schon angelegt.
Wi sünd foors henföhrt.	Wir sind sofort hingefahren.
Hest du mithulpen ?	Hast du mitgeholfen ?

Ik heff överhaupt nich verstahn, wat dar vör sik gahn is.

3. Die vollendete Vergangenheit

Die vollendete Vergangenheit (Plusquamperfekt) wird gebildet mit den Vergangenheitsformen von "hebben" bzw. "sien" und dem Mittelwort.

Ik harr jüst äten.	Ich hatte gerade gegessen.
Du harrst al half wunnen.	Du hattest schon halb gewonnen.
He harr den Naam vergäten.	Er hatte den Namen vergessen.
Wi harrn al luurt.	Wir hatten schon gewartet.
De Paster harr em schreven.	Der Pastor hatte ihm geschrieben.
Jan harr dat nich verstahn.	Jan hatte es nicht verstanden.
Ik weer al weggahn.	Ich war schon weggegangen.
Se weer an'n Anlegger kamen.	Sie war an den Anleger gekommem.
Se harr sik up wat spitzt.	Sie hatte etwas erwartet.
Sowat harr't noch nie geven.	So etwas hatte es noch nie gegeben

4. Die Leideform
Die Leideform (Passiv) wird gebildet mit einer Form von "weern" (warrn) und dem Mittelwort.

Ik weer goot pleegt (ä).	Ich werde gut gepflegt.
Du warst socht.	Du wirst gesucht.
He ward utlacht.	Er wird ausgelacht.
Ji weert afhaalt.	Ihr werdet abgeholt.
De Torf woor aftransporteert.	Der Torf wurde abtransportiert.
De Jungs woorn wegschickt.	Die Jungen wurden fortgeschickt.
Dat Swien ward slacht.	Das Schwein wird geschlachtet.
De Kartüffeln weert schillt.	Die Kartoffeln werden geschält.
Dat Huus is verkofft woorn.	Das Haus ist verkauft worden.
De Dören sünd streken woorn.	Die Türen sind gestrichen worden.

Übersetze in Plattdeutsch !
Ich habe gelesen.
Hast du das Buch schon gelesen ?
Mein Bruder hat es mir gegeben.
Ich bin nur bis Seite 10 gekommen.
Als du kamst, hatte ich gerade Kaffee getrunken.
Sie hatte mir Äpfel mitgebracht,
Die Äpfel wurden geschält und aufgegessen.
Hattest du gehört, daß der Torfschiffer nicht kommen wollte ?

Wat ward dr mit maakt ? (schriftlich !)

schillen	De Kartüffeln ____________________
kaken	De Arfken ____________________
braden	Dat Fleesch ____________________
utpuhlen	De Bohnen ____________________
afschrabben	De Wuddeln ____________________
waschen (u)	De Kleder ____________________
verköpen	De Böker ____________________
singen	Dat Leed ____________________
strieken	De Trepp ____________________
utföhren	Dat Kind ____________________
utlachen	Du ____________________
bewunnern	Ji ____________________

Gau dat Mittelwoort finnen.

Ik heff nix ____________(grepen, fungen......)
(griepen,fangen,seggen,supen,drinken,nehmen,hören. essen)

He hett mi ____________
(drieven,schrieven,bedregen,finden,hölpen,slagen. helfen)

Hier ward nich ____________
(smieten,scheten,singen,spelen,bedregen,krakelen, tanzen)

Lex teihn 10

Na Dangast to'n Baden

Anke	Peter, morgen is Sonndag. Wüllt wi nich 'ne lütje Tuur maken ? Ik mööt maal ruut ut miene veer Wännen.
Peter	Geern, wenn't Weer man goot noog is !
Anke	Dat Weer weer de hele Week al goot, denn schall't morgen sachs ok noch goot blieven.
Peter	Wat hest du di denn dacht, wor dat hengahn schall.
Anke	Laat us man na Dangast föhrn to'n Baden.
Peter	Baden is goot ! Aver warum jüst na Dangast ?
Anke	Mienswegen köönt wi ok na Schillig oder Tossens föhrn, aver na Dangast is dat nich so wiet. Un mi gefallt dat dar.
Peter	Dat kann angahn, dat dar kien Water is. In'n Slick rumtopootjen, dar heff ik kien Vermaak an.
Anke	Ik heff jüst in't Blatt lesen, Klock twee is Hoochwater.
Peter	Kann ik miene ole Badebüx denn noch maal woller antrecken ?
Anke	Wat tüünst du denn ? Ik heff di doch vorrigs Jahr al 'ne nee'e kofft !. .
Peter	Och ja, dat harr'k al ganz vergeten. Un du ? Meenst du nich , dat di dien Bikini 'n beten knapp woorn is ?
Anke	Na sowat ! Dat hest du markt ? Denn will ik di maal wat verraden. Ik heff mi güstern 'nen smucken Baadantog kofft. Du schast sehn, de gefallt di ok.
Peter	Denn laat us man morgen fröh al losföhren !
Anke	Ja , eten köönt wi woll in dat Weertshuus an'n Strand.
Peter	Wenn dat dar man nich to vull is !
Anke	Häwatt ! Klock twölf sünd dar noch nich veel Lü.
Peter	Inverstahn ! Denn will ik den Wagen noch gau 'n beten waschen. To'n Utföhrn sütt de mi to schetterig ut.
Anke	Un denn do mi den Gefalln un smiet de Campingstöhl achtern rin ! Denn bruukt wi nich den ganzen Dag up de Grund sitten.
Peter	Un du pack man al den Strandbüdel !
Anke	Mi schient, du freust di al up morgen.
Peter	Dat do ik wahrraftig. Hest 'n goden Vörslag maakt.
Anke	So, un nu maak to ! Du wullt jo naasten dat Footballspill in't Feernsehn ankieken

Weer (ä)	*Wetter*
heel	*ganz*
sachs	*vermutlich*
jüst	*gerade*
pootjen	*stapfen*
Vermaak	*Gefallen*
Blatt	*Zeitung*
antrecken	*anziehen*
tünen	*faseln*
nee, nee'e ,	*neu(e)*
harr'k	*hatte ich*
Antog	*Anzug*
du schast	*du wirst*
schetterig	*schmutzig*
Grund	*Boden*
naasten	*nachher*

Fragen

Wat hebbt Peter un Anke morgen vör ?
Wennehr is morgen Hoochwater ?
Wennehr hett Anke de nee'e Baadbüx kofft ?
Will Anke ehren olen Bikini noch maal antrecken ?
Wor wüllt se morgen eten ?
Wat mag Anke woll all in den Büdel packen ?

Schrieven :

Wirtshaus ____________________ ***Hochwasser*** ____________________

Fußballspiel ____________________ ***geschossen*** ____________________

Fortsetzung zu "Hilfsverben"

Die modalen Hilfsverben

Die modalen Hilfsverben " willen,schölen, könen,mögen,dröwen und möten " dienen zur Bildung bestimmter Aussageweisen. Sie haben die Aufgabe, das in der Grundform bezeichnete Geschehen zu modifizieren (abzuwandeln, abzuändern)

Beispiele :

könen	He kann Trummpeet spelen
willen	He will aver morgen nich spelen.
möten	He mutt morgen arbeiden.
dröven	He dröff nich blau maken.
mögen	He mag nich fragen.
schölen	He schall mi vanavend anropen.

Flexionsmuster der modalen Hilfszeitwörter

	willen	**schölen**	**können**	**mögen**	**möten**	**dröven**
Gegenwart						
ik	will	schall	kann	mag	mööt	drööf
du	wullt	schast	kannst	magst	musst	dröffst
he	will	schall	kann	mag	mutt	dröff
wi	wüllt	schöllt	köönt	möögt	mööt	drööft
Vergangenheit						
ik	wull	schull	kunn	much	muss	druff
du	wullst	schust	kunnst	muchst	musst	druffst
he	wull	schull	kunn	much	muss	druff
wi	wullen	schullen	kunnen	muchen	mussen	druffen
Mittelwort						
	wullt	schullt	kunnt	mucht	musst	drufft

Die Zukunft

Im Plattdeutschen wird die Zukunft wie in der hochdeutschen Umgangssprache meistens in der Gegenwartsform ausgedrückt. Für den Fall, daß die Zukunft deutlich werden soll,wird das Hilfsverb "schölen" benutzt.

Ik schall di helpen	Ich werde dir helfen.(Drohung)
Dat schall di noch leed doon	Das wird dir noch leid tun.
He schall woll bold kamen.	Er wird wohl bald kommen.
Du schast sehn !	Du wirst sehen !
Wi schöllt woll Regen kriegen.	Wir werden wohl Regen bekommen
Se schöllt sik wunnern.	Sie werden sich wundern.

Übersetzungsübungen mit modalen Hilfsverben

Drööf ik di maal wat fragen ?
Mööt' ji heiraden ?
Wo kannst du dat annehmen ?
Du schust di wat schamen.
Warum köönt ji jo nich verdrägen ?
Wi köönt us nich mehr rüken.
Dat dröffst du nüms nich vertellen.
Ik much woll'ne Tass Koffee drinken.
Wullt du ok een Botterbroot eten ?
Wir wollen morgen nach Hamburg fahren.
Ich möchte wohl mitfahren.
Im unserem Auto können vier Personen sitzen.
Willst du etwas kaufen in Hamburg ?

Ich muß mir ein Paar neue Schuhe kaufen.
Ihr könnt Tante Elfie in Harburg besuchen.
So viel Zeit werden wir wohl nicht haben.
Gerd muß morgen um fünf wieder hier sein.
Dann müßt ihr euch ein bißchen beeilen.

Der Ausfall von Lauten

Ausfälle von Lauten am Anfang eines Wortes gibt es nicht nur im Plattdeutschen. In der hochdeutschen Umgangssprache sind uns z.B. Ausfälle folgender Art bekannt :

Mach's gut !	's ist Feierabend.
Hol 's Auto raus !	Er hat 'n Vogel.

Im Plattdeutschen sind Lautausfälle zahlreicher als im Hochdeutschen. Das liegt zum Teil daran, daß die im Hochdeutschen üblichen Verschmelzungen "am, beim, zum, aufs, vom, fürs" usw. im Plattdeutschen nicht zulässig sind. Die Ausfälle von Lauten werden immer durch ein Auslassungszeichen (') gekennzeichnet.

Es wird also geschrieben :

ut'n, up'n, up't, dör't, för't,
an'n, bi't, in't, achter't, as't .
över'n, mit'nanner, dör'nanner

Nur wenige Autoren setzen sich über diese Regel hinweg und schreiben " uppen, unnert, fört övern " usw.
Die Verkürzung der Artikel "den" und "dat" ist also in Verbindung mit einem Verhältniswort nichts Ungewöhnliches.
Sie kommt aber auch an anderen Stellen vor .

Beispiele

Man kann'n Luus nich mehr nehmen as't Leven.
Wo hett he't her ?
Ik verlang't nich umsünst.
't fallt kien Muus unner'n Föhr Heu doot
(Auslassungen am Satzanfang selten).
Dat Öller geiht vöran, ok wenn't na'n Galgen geiht.
Wer't lang hett, lett't lang hangen.

Das ' t in diesen Beispielen ist nicht unbedingt ein Überbleibsel von "dat". Es kann auch der Rest des persönlichen Fürwortes "et" bzw.it" sein, das dem hochdeutschen "es" entspricht. In seiner vollständigen Form trifft man es heute nur noch selten an. Um 1850 schrieb man noch häufiger "It geiht mi goot", heute fast nur noch "Dat geiht mi goot" oder "Mi geiht't goot." In der letzteren Form muß das 't unbedingt stehen, weil der Satz sonst grammatisch unvollständig wäre. Wer jedoch Plattdeutsch nicht als seine Muttersprache erlernt hat, hat Schwierigkeiten, ein t nach einem vorangehenden Endlaut -t richtig auszusprechen. Da es ohnehin akustisch kaum wahrnehmbar ist, lassen viele Autoren es einfach weg oder setzen nur noch das Auslassungszeichen.

Weitere Beispiele für die Folge von 't auf -t :

He hett't begrepen	Er hat's begriffen.
Du büst't erst maal los.	Du bist's erst einmal los.
Wi hebbt't achter us	Wir haben's hinter uns.
Mi geiht't jüst so	Mir geht's ebenso.
Hier steiht't	Hier steht's

Der Ausfall des langen, dumpfen a-Lautes in "daar" (in diesem Buch nur mit einem a, also "dar", von vielen Autoren aber auch mit o, also "dor" geschrieben) wird meistens nicht mit einem Auslassungszeichen gekennzeichnet. So hat sich das Unikum "dr" in den plattdeutschen Wortschatz eingeschlichen. Ein Unikum ist es deswegen, weil es das einzige Wort ist, das keinen Vokal aufzuweisen hat.

Beispielsätze mit "dr" (d'r)

Wi staht dr vör.	Wir stehen davor.
Wi mööt dr dör.	Wir müssen hindurch.
Ik heff dr kien Lust to.	Ich habe keine Lust dazu.
Du weest dr nix van.	Du weißt nichts davon.
Se jibbeln dr up loos	Sie schwatzten drauflos.
Schruven un sowat dr her.	Schrauben und dergleichen.
Dat gung dr fix bilangs.	Es ging hoch her.
Of dr woll een kummt ?	Ob wohl jemand kommt ?
Se höör dr mit to.	Sie gehörte dazu.

Lautausfall bei dem persönlichen Fürwort "ik"
Beispielsätze :

Harr'k em man nich ropen.	Hätte ich ihn nur nicht gerufen!
Dat will'k mi överleggen.	Das will ich mir überlegen.
Schall'k di hölpen ?	Soll ich dir helfen ?
Dat kann'k beter alleen.	Das kann ich besser allein.
Dat bün'k di schullig	Das bin ich dir schuldig.

Wenn ein Satz mit einem Lautausfallzeichen beginnt, wird der folgende Buchstabe nicht groß geschrieben.

't Weer schall morgen woll umslaan.
'n beten scheef hett Gott leef.

Es empfiehlt sich, am Satzanfang keinen Laut auszulassen.

Übersetze ins Plattdeutsche !

Ich hab's hinter mir.
Ihm geht's ebenso.
Du stehst davor
Das gehört dazu.
Das kann ich nicht glauben.
Es fällt viel Schnee.
Bücher und dergleichen.
Nun ist's genug.
Das will ich nicht.
Soll ich dir helfen ?

Satzbautafel

He Peter Anke Se	hett harr	dat Strandlaken dat Auto de Badebüx den Büdel	mitbrocht wuschen kofft vergeten
Se Wi	hebbt harrn		
Ik	heff harr		
Du	hest		

Lex ölben 11

Vadder hett Slump hatt.

(Vorbemerkung : Im folgenden Text begegnen uns die Verben zum größten Teil in der Befehlsform.)

Moder	Hannes, kiek maal , of Vadder al kamen is ! .	Slump *glückl. Zufall*
	Ik meen , ik harr wat höört.	
Hannes	Ja, Moder, Vadders Auto steiht vör de Döör. He	
	stiggt aver nich ut.	
Moder	Knips de Butenlamp an !	knipsen *schalten*
	(Moder trett vör de Döör)	treden, trä,trett *treten*
	Vadder, wat is mit di loos ?	
	Warum stiggst du denn nich ut ?	
	(Se ritt de Autodöör apen.)	apen,open *offen*
Vadder	Laat mi noch 'n Ogenblick sitten !	
Moder	Wat hest du denn ? -- Segg doch wat !	
Vadder	Ik heff mi jüst ganz dull verfeert. Kiek is !	is,eens *mal, einmal*
	Miene Hannen, de bevert noch. Mi is ganz	bevern *zittern*
	flau in'n Maag.	flau *schlaff, unwohl*
Moder	Wat, um Himmelswillen, is denn passeert ?	Maag (de +dat) *Magen*
Vadder	Mi is jüst 'n annert Auto up miene Siet van'e Straat	
	tomööt kamen. Wenn'k nich in'n lesten Ogenblick	tomöötkamen *entgegen*
	bi'n Kröger up'n Hoff föhrt weer,	*kommen*
	denn harr't kracht.	
Moder	Du büst jo kriedenwitt in't Gesicht, büst du..	kriedenwitt *kreideweiß*
Vadder	Faat mi nich an, Moder. Tööf man'n beten !	töven *warten*
	Glieks schall't woll wedder gahn.	Sett *Augenblick*
Moder	Blief man noch'n Sett sitten !	blieven *bleiben*
	Hannes, haal Vadder gau'n Glas Water !	gau *schnell*
Vadder	Dat deit nich nödig. Ik stieg al ut. Treck du man	trecken *ziehen*
	eben den Slödel af un sluut den Wagen to !	sluten *schließen*
Moder	Hannes, do du dat ! Kumm , Vadder, stöön di up	stönen *stützen*
	mi, un denn gaht wi ganz sinnig rin.	sinnig *langsam*
	Du hest 'n Schock , hest du. Weest dat woll ?	
Vadder	Stell di maal vör: de verflixte Keerl is eenfach	
	wieterföhrt-- - as of dr nix wesen weer.	
Moder	De is vielicht besapen wesen.	vielicht *vielleicht*
	Is jo noch maal goot gahn.	
	Nu denk dr man nich mehr an !	
Vadder	Hannes, geef mi den Slötel ! Och nä, gah noch eens	
	trügg un haal miene Tasch !	
	De liggt achter in'e Kufferklapp.	
Hannes	De heff ik al mitbrocht .	
	Ik stell se hier in'n Fluur up de Kummood.	Kummood *Kommode*
Moder	So, Vadder, sett di up't Sofa un rauh di ut !	utrauhn *ausruhen*
Vadder	Nu geiht't al 'n beten beter.Bloots de Kneen	
	sünd noch wat week. Kaak mi man 'n Kopke Tee !	Kopke *Tasse*
Moder	Tee is in dissen Fall nich goot. Drink man lever	
	een Glas Mölk oder Appelsapp !	Sapp *Saft*
Vadder	Magst woll recht hebben, Moder. Geet dat Glas	geten *gießen*
	aver nich to vull !	
	Stell di vör , Moder, wenn de Keerl mi rammt harr,	
	denn weerst du nu al Wittfro.	
Moder	Nu maal den Düvel doch nich an'e Wand !	süh an ! *schau an !*
Vadder	Is jo bloots Spaas , is dat jo bloots !	Spijöök *Jux*
Moder	Süh an ! Nu is em al wedder na Spijöök tomoot.	tomoot *zumute*

Anter up de folgen Fragen !

Keem Vadder in'n Düüstern na Huus ?	*Ja, he keem in'n Düüstern na Huus.*
Harr he'n Unfall hatt ?	______________
Woso steeg he nich ut ?	______________
Harr he dat Besinnen verloren ,	______________
oder weer he bloots benaut (*benommen*)?	______________
Wo is he dat anner Auto ut'n Weg föhrt ?	______________
Harr Vadder 'n roden Kopp ?	______________
Wat verlangde he to drinken ?	______________
Well hett dat Auto afslaten ?	______________
Wor hett Hannes de Tasch henleggt ?	______________

Die Befehlsform — Imperativ

Die Befehlsform der Verben ist identisch mit der Verbform in der ersten Person (ik bzw. wi)

Einzahl 1.Person	Befehlsform	**Mehrzahl** 1. Person	Befehlsform
Ik kiek	Kiek her !	Wi kiekt	Kiekt jo dat an!
Ik loop	Loop weg !	Wi loopt	Loopt weg !
Ik drink	Drink de Melk ut !	Wi drinkt	Drinkt nich so veel!
Ik hölp di.	Hölp mi doch !	Wi hölpt jo.	Hölpt ehr doch !
Ik snack.	Snack luter !	Wi snackt.	Snackt liesen !

Bei Verben, deren Befehlsform in der Einzahl auf -t endet, müßte in der Mehrzahl ein zweites 't angehängt werden. Da man es beim Sprechen aber kaum hören kann, genügt es , nur einen Apostroph zu setzen.

Einzahl	Mehrzahl
Jung, äät noch wat !	Kinner, äät' allns up !
Riet dat Huus af !	Riet' dat Huus af !
Bööt goot in !	Bööt' goot in !
Stööt di nich !	Stööt' jo nich !
Geet mi wat in !	Geet' us wat in !

Eine Ausnahme bei der Bildung der Befehlsform besteht bei dem Hilfsverb "sein". Dieses Wort,das zwei Grundformen hat,nämlich "sien" und "wesen",lautet in der Befehlsform "wees" bzw."weest" (ää)..

Wees vörsichtig!	Sei vorsichtig !
Weest fründlich !	Seid freundlich !

So hööört sik datt up'n Kramermart an

Amüseert jo !
Kaamt all herin un kiekt jo dat Spektakel an !
Föhr is (eens) mit mi up dat! Karussell.
Kumm mit mi in de Schippschaukel !
Stiegt in un laat' jo dörschüddeln !
Scheet 'n Popp för diene Bruut !

Smiet den Kring över'n Buddel !
Probeer is den Smoltkoken !
Haut den Lukas !
Wees man nich so knickerig ! (giezig)
Steek di de Roos in't Knooplock !
Kaamt mit us in't Beertelt !

Kuddelmuddel

De Wöör staht nich richtig bi'nanner. Schrief dat richtige plattdüütsche Woort achter dat hochdüütsche !

gröten	gehen	______________
gahn	graben	______________
böten	nagen	______________
breken	grüßen	______________
stötern	sinken	______________
stöten	stoßen	______________
sacken	heizen	______________
letten	brechen	______________
graven	lächeln	______________
läppen	stottern	______________
gnappen	warten	______________
luren	aufhalten	______________
kniepen	naschen	______________
weden	heben	______________
smachten	jäten	______________
bören	hungern	______________
grienen	kneifen	______________
snopen	abhäuten	______________

Segg is eben up platt !

Suche den Schlüssel !
Zieh dich an !
Wirf den Beutel nicht weg !
Laß das Auto hier stehen !
Nehmt die Badetaschen mit !
Schwimmt nicht zu weit hinaus !
Kommt mit in das Gasthaus !
Sei nicht so unverschämt ! (utverschaamt)
Frag mal , ob es hier Granat gibt !
Seid vergnügt !
Gehe hinaus !
Schlag dir das aus dem Kopf !

Lex twölf 12

Maal eben in Nizza wesen

Heiko kummt 'ne Viddelstunn to laat na'n Kegeln. He sütt'n beten afspannt un wittnäsig ut. De Kegelbröers spitzt em an : Dat is di jo noch nie nich passeert , dat du to laat kummst ! Warum büst du denn so witt um de Nääs ? Büst du krank , Heiko ? Hest di woll överarbeidt. Wor büst denn wesen ?

Heiko Wor ik wesen bün ? Dar kaamt ji nich up.-- Ik bün maal eben in Nizza wesen.

Dirk In Nizza , seggst du ? Weest du överhaupt , wor Nizza liggt ? Du meenst woll Nesse in Oostfreesland !

Heiko Och wat, Nesse ! Nizza heff ik seggt. Dat liggt in Südfrankriek an't Middelmeer.

Karl Du wullt us woll för'n Narren hebben.. Hest du seggt, du weerst vandagen in Nizza wesen ? Ik heff di doch güstern noch mit dienen Lastwagen föhren sehn.

Heiko Ik heff jo nich seggt, ik weer güstern in Nizza wesen.

Dirk Nä, nä, he hett seggt van vandagen. Aver wo kann dat angahn ? Ik taxeer , dat sünd so an de dusendtweehunnert Kilometer bit darhen.

Karl Un denn wullt du us wiesmaken, du harrst dar maal eben enen Dag Urlaub maakt un an'n sülvigen Dag weerst du ok al woller na Huus kamen ?

Jan Lüster doch nich up em ! De tüünt jo !

Heiko Ik heff nich seggt, ik harr dar Urlaub maakt. Ankeken heff ik mi wat, so as ik dat ümmer do, wenn ik enerwegens 'n Updrag krieg för miene Discheree un eers maal Maat nehmen mööt.

Jan Du wullt'n Updrag annehmen in Nizza ?

Karl Du hest jo al hellsche Dinger dreiht, in Frankfurt und Düsseldorp, un so as ik höört heff, nu ok al in Dresden, aver in Nizza ! Nä, dar geihst du bi överkopp. Dat kann'k di garanteern.

Dirk Dat is 'n Nummer to groot för di. Dar laat man de Fingers von af, Heiko!

Jan Karl hett recht.De Transpoortkosten un allns wat dr sünst noch tokummt ! Dar geihst du mit koppheister. Aver wat scheert mi dat !

Heiko Nu reegt jo man nich up ! Ik will jo dat woll verklookfiedeln, wat ik mi dar inhannelt heff. Aver nu will ik eerst maal sitten gahn, oder bün ik al an 'e Reeg mit Kegeln ?

Karl Nä, noch langen nich. Sett di hen un vertell !

Heiko Ji weet' jo dat ik för de Firma Fix-Fax sämtliche Discherarbeiten in Frankfurt, in Düsseldorp un annerwegens maakt heff un dat de Baas mit kienen annern Discher wat to doon hebben wull as mit mi.

Gerd Ja, dat hest du us annerlestens vertellt.

Heiko Na ja, un güstern morgen, do weer ik bi em in Ollnborg. Ik harr dar noch 'n paar Vitrinen uptostellen. Un do keem he darmit vör'ndag, he harr sik een Schipp kofft, 'ne Luxusjacht , versteiht sik, technisch up'n neesten Stand, mit Radar un Echolot un allens, wat dr so tohöört.

Karl Na, un wat hest du darmit to doon ?

Heiko He vertellde mi, dat Schipp gefull em best, bit up eens : Dat hölten Ingedööm, so as de Wandverkledungen, de Inboschappen un wat dr sünst noch so tohöört, dat weer nich na sien Jüst. Dat wull he geern so hebben, as ik dat in sienen Laden in Bremen maakt harr. "Kannst di dat nich maal ankieken un mi raden, wat 'n darmit maken kann ?" froog he mi.

Jan Wat schull dat denn ? Du büst doch kien Schippboer !

Heiko Weet ik jo, aver schull ik em dat liekherut afslaan ? Ik sä, ik kunn mi dat jo maal ankieken. Mi passde dat gar nich, dat ik dr amenn extra um na Hamborg oder 'n annern Haben föhren schull . Ik froog em, wor dat Schipp denn leeg. As he mi sä, dat he dat in Nizza kofft harr un dat dat dar ok liggen blieven schull, weer ik in'n eersten Momang 'n beten verbaast.
"Wi köönt dar morgen jo eben henflegen un us dat ankieken." meende he denn, un mi full so gau nix in, wor ik mi mit rutsnacken kunn.

Dirk Gottsverdori ! Wat hebbt socke Lü för'n Aart un Wies to leven !

Heiko Hest jo recht, Dirk, wat schull ik maken ? Ik wull mi doch mienen besten

	Kunnen nich vergretzen. An'n sülvigen Dag muss ik aver woller na Huus, sä ik em noch, un darmit weer de Saak afmaakt.
Karl	Un wo is di dat Flegen bekamen ?
Heiko	Mit de Lufthansa sünd wi bit na Paris flagen, un van dar wieter mit de Airfrance na Nizza. Bi'n Start dach ik, mi keem dat Fröhstück wedder hoch, man bold harr ik mi an dat nee'e Geföhl wennt.
Jan	Harr mi freut, wenn di't ganz klöterig gahn weer !
Karl	Och, Jan, swieg still ! Du büst jo bloots afgünstig !
Jan	Ik kann dat Gedoo van de rieken Lü nich utstahn. Un well sik dar mit rintrecken lett, de schall ok sienen Wischer afkriegen.
Gerd	Denn büst du also wahrraftig in Nizza wesen. Hest denn ok wat van't Strandleven un van de Promenaad mitkregen ?
Heiko	Nix nich ! De Baas harr't jo drock, na sien Schipp hentokamen.
Karl	Un wat hest du dar up dat Schipp maakt ?
Heiko	Eerst heff ik dat Holt unnersocht. Dat is dat beste , wat ik jichens sehn heff. Indisch Silvergrey heet dat, hett helle, brune un swarte Striepen. Na mien Menen sütt dat wunnerbaar ut, wenn't recht behannelt woorn is, man jüst dat is nich passeert. Mit'n Lack, de nix weert is , sünd se darangahn un nu blaast un schimmelt dat as nix Goods.
Dirk	Is dar denn noch wat an to redden ?
Heiko	Dat is'n Klacks. De ole Lack mutt dr 'runner von't Holt,un denn mutt dat mit'n Speziaaltinktuur woller up Schick brocht weern.
Dirk	Un dat wulltt du maken ?
Heiko	Häwat ! Ik nich, aver mien Söhn, de föhrt dar tokamen Week hen. He maakt denn dree Weken Urlaub up dat Schipp, un twüschendör geiht he'n beten to Wark.
Karl	Denn kriggt he amenn för sienen Urlaub ok noch wat betahlt, wat ?
Heiko	Ja, wat denkst du denn ? Umsünst is de Doot.
Gerd	He, Heiko, nu maak eerst maal halflang! Du büst an'e Reeg mit Kegeln. Kannst naher wietervertellen.

Alfabetisch Woortverklaarn

afgünstig	neidisch	lüstern	zuhören
afspannt	abgespannt	överkopp	kopfüber
annerlest	neulich	scheren	sich kümmern um
annerwegens	anderswo	socke	solche
Baas	Leiter, Chef	Striepen	Streifen
drock	eilig	Updrag	Auftrag
enerwegens	irgendwo	verbaast	verdutzt
Ingedööm	Eingeweide	vördag kamen	zutage treten
jichens	jemals	wennen	gewöhnen
Jüst	Geschmack	wiesmaken	weismachen
klöterig	unwohl	Wischer	Denkzettel

Die Möglichkeitsform Konjunktiv

Der vorstehende Text enthält mehrere Beispiele der indirekten Rede. Ein Sprecher gibt das, was andere sagen, in einer schon verarbeiteten Form wieder. Auf dieselbe Art kann der Sprecher auch darstellen, was er selbst oder jemand anderes denkt, glaubt oder fühlt. Die Sätze stehen dann nicht mehr in der Wirklichkeitsform, sondern in der Möglichkeitsform (Konjunktiv).
Im Hochdeutschen stehen der Wirklichkeitsform aller Verben zwei Möglichkeitsformen gegenüber.Sie werden in der Umgangssprache nicht immer strikt angewendet,weil sie gespreizt klingen und bisweilen auch Schwierigkeiten bereiten. Im Oldenburgischen Plattdeutsch gibt es keine Schwierigkeiten , denn es kennt keine eigenen Formen für die Möglichkeitsform. Für die Möglichkeitsform der Gegenwart steht die entsprechende , uns bereits bekannte Vergangenheitsform, und für die Möglichkeitsform der Vergangenheit die entsprechende Form der vollendeten Vergangenheit.

Wirlichkeitsform der Gegenwart	Möglichkeitsform der Gegenwart = Wirlichkeitsform der Vergangenheit	Möglichkeizsform der Vergangenheit = Wirklichkeitsf. d. vollendeten Vergangenheit
He kummt	He seggt, he keem	He sä, he weer kamen
He lüggt	He seggt, he loog	He sä, he harr lagen
Se slept	He meende, se sleep	He meende,se harr slapen
He is krank	Ik sä,he weer krank	Ik sä,he weer krank wesen
Se hett Geld	He dach,se harr Geld	He dach,se harr Geld hatt
Wi köönt luren	Se säen,se kunnen l.	Se säen,se harrn l.kunnt
Ik mööt gahn	Ik sä, ik muss gahn	Ik sä, ik harr gahn musst

Übersetzungsübungen

He sä : "Ik heff mi 'n Schipp kofft." (Wirklichkeitsform)
He sä, he harr sik'n Schipp kofft.. (Möglichkeitsform)
Ik froog em ."Wor liggt dat Schipp denn ?"
Ik froog em, wor dat Schipp denn leeg.
He sä "Mi gefallt dat griese Holt nich."
He sä, em gefull dat griese Holt nich.
Ik verklaarde em :"Dat is kostbaret indisch Eddelholt."
Ik verklaarde em, dat weer dat düürste Holt, wat'n kriegen kunn.
He meende, dat weer nix weert.
Harr ik em man bi den Globen laten !
Dat harr ik di günnt.
Wenn ik mehr Tiet hatt harr, denn harr he mi den Strand wiest.
Jan quarkde : "Ik kann de Snobs nich utstahn."
He meende, Heiko harr den Dickdoner dat afslaan schullt.
Ik dach al, du harrst enen up'n Bönen. (Dachboden,Hirn)
Scherzhafte Redewendung:
Wenn ik nich so'n hart Hart hatt harr, harr ik .....

Er sagte : "Ich bin in Nizza gewesen."
Er sagte , sie seien über Paris geflogen.
Der Chef meinte, ich könnte drei Tage bleiben.
Ich dachte, wir hätten noch etwas Zeit für einen Bummel gehabt.
Er sagte, im Flugzeug gebe es eine Mahlzeit.
Die Stewardess meinte, wir wären Holländer.
Sie dachte, wir hätten Niederländisch gesprochen.
Mein Sohn erklärte, er wolle die Arbeit gern übernehmen.
Er fragte, ob es auf dem Schiff Strom für die Schleifmaschine gebe und wieviel Lack er mitnehmen müsse.

Kontrolle der Übersetzungsübung (Teil 2)

He sä : " Ik bün in Nizza wesen."
He sä, se weren över Paris flagen.
De Baas meende, ik kunn dree Daag blieven.
Ik dach, wi harrn noch'n beten Tiet för'n Bummel hatt.
He sä, in'n Fleger geef dat 'ne Mahltiet.
Dat he kien Snob nich weer, kunn man al daran marken,
dat he ümmer Plattdüütsch mit mi snackde (snacken de).
De Stuardess meende, wi weren Hollänners.
Se dach ,wi harrn Nederlandsch spraken.

Schrieven:

Schiffbauer ______________ *Tischlerei* ______________ *neidisch* ______________

zuhören ______________ *Auftrag* ______________ *Streifen* ______________

Lex darteihn 13

Grete vertellt , wo se de Fahrpröven bestahn hett.

Wi seten mit veer Mann in'n Wagen, de Fahrlehrer, de Pröwer, een anner Fahrschöler un ik. Ik keem as eerster an'e Reeg mit Föhren. An'n leefsten weer ik gar nich eers instegen, so upreegt weer ik . De Hannen bevern mi, as of ik Schüddelfrost harr.
"Na, denn man loos ! " sä de Pröver.
Ik leet den Motor anspringen un töövde up wietere Anwiesen. Dar keem aver nix.
De Fahrlehrer un de Pröver snackden mit'nanner un leten mi luren.
So bilütjen woor mi dat to dumm. Ik föhr suutje van'n Hoff runner up de Straat.
"Enerwatt mutt jo glieks seggt weern," dach ik, aver de beiden harr ümmer noch. wat to vertellen. Miteens keem ik an de Ampel. De weer root.
"Föhrt Se na rechts ! " sä de Pröver.
Na also ! Vergeten harrn se mi jo noch nich.
Middewiel weer ik kien beten hiddelig mehr. So dra as Gröön keem, boog ik rechts af, keek ornlich upfällig na achtern, of dar ok nich 'n Radfahrer ansusen keem, un denn man up't Gaspedaal un rin in de Möhlenstraat.
"Bi de eerste Krüzung links af !" hööörde ik van achtern.
"Links af ? " dach ik. "Weet de Keerl denn nich, dat ik dar nich rinföhrn drööf ?
"Links af, dat geiht nich, dat is'n Eenbahnstraat."
"Denn man fudder liekut un enerwegens, wo't verlööft is , links af !" anterde de Pröver.
De Fahrlehrer sä kien Piep un kien Papp.
"Enerwegens ? Wat meent he darmit ? Hier geiht dat doch narns mehr links af !"
Denn full mi in , dat dar wieter hendaal de smale Slackenweg na'n Ellerndiek togeiht.
"Na, wenn du darhen wullt, denn man to." dach ik.
"Wat sliekt Se denn so ?" froog de Pröver. "Se sünd doch al langen butendorps !"
Ik drückde ornlich up't Gas un keem ok foors up achzig, aver do weer he dr ok all, de smale Slackenweg. Ik pettde up de Brems, dat dat man so quietschen dee up de Straat. Fahrtrichtanwieser links, an de Stratenmidd ranföhrn, dat klappde allns, as wenn't man'n Kinnerspill weer.
"Se föhrt veels to sportlich, föhrt Se !" sä de Pröver, "Wat hebbt Se denn nu vör ?
" Dat fraagt he mi noch ?" dach ik bi mi.
"Links afbögen, so as Se dat seggt hebbt ."
He anterde nix. De Klöönsnack mit den Fahrlehrer weer middewiel to Enn.
Ik wuss gar nich, of ik in den Slackenweg rinföhrn druff. "Wenn dar'n Verbottsschild steiht, denn man woller weg mit den Fahrtrichtanwieser un liekut !" gung mi dat dör'n Kopp. Ja, dar stund een Schild mit'n roden Rand, un up dat widde Feld weer to lesen: " 3 t ".
"Dat geiht mi nix an", dach ik, "dat is för Laster." Un so föhr ik ok al rin in den Weg.
"Anhooln !" sä de Pröver.
Wat denn nu ? Sünd wi mit de dree dicken Mannslü amenn doch swarer as dree Tunnen ? Gas weg, Kupplung pedden, Gang ruut, bremsen, dar stund ik.
"Trüggels setten !" kummandeerde he.
Man to ! Trüggelsföhrn, wat anner Lü sik dar bloots ümmer bi hebbt!. Mi maakde dat nix ut. Wenn dar bloots nich jüst een kummt, wenn ik up de Straat rupföhr !
"Trügg na de Krüüzung !" sä de Pröver
Sühstewoll ! De Keerl hett sik vörhen mit links un rechts verkeken. Pass aver up, van disse Siet her droffst du nich na rechts afbögen.
"Links afbögen !"
Harr'k mi jo dacht. Un nu gung dat so richtig middenmang dat Verkehrsgewöhl.
Aver wat schall ik di seggen ? Ik weer de Rauh sülm. Mi kunn nix mehr upregen, wat dr ok an Situaschonen un Schikanen noch all keem. Spoorwessel, Afknicken Vörfahrt, Rechts vör links, Inparken, Anföhrn an'n Barg un sowat dr her.
Miteens stund ik wedder up'n Hoff van de Fahrschool.
"Wacker, wacker !" sä de Pröver un griende mi an. In den Momang kreeg ik em in'e Kunnen. He harr vör Jahren fakender mienen Vadder besocht. Se weern tosamen Suldaat wesen. Un nu gung mi ok 'n Lücht up, woso he de ganze Tiet Platt mit mi snackt harr.

"Se hefft bestahn." sä he, "Un gröött' Se ehren Vadder van mi. Weet' Se noch, as wi beiden mit'n Trecker up Ehren Hoff rumkarjoolt sünd ? Se kunnen dr domaals beter mit umgahn as ik."

Woortverklaarn

bevern	zittern
bilütjen	allmählich
butendorps	außerhalb des Dorfes
enerwegens	irgendwo
enerwatt	irgendwas
fudder	weiter
hiddelig	nervös
liekut	geradeaus
middenmang	mitten dazwischen
narns	nirgendwo
Pröven	Prüfung
Situaschoon	Situation
slieken	schleichen
so dra	sobald
suutje	langsam, bedächtig
trüggels (trürgels)	rückwärts
unnertwüschen	inzwischen
upreegt	aufgeregt
Verbott	Verbot
verlööft	erlaubt
verlöven	erlauben

Geef Antwoort up de folgen Fragen!

Wecke Personen seten in den Fahrschoolwagen ?
Wor seet de Pröver ?
Wor geef de Pröver sien eerste Order ?
Warum keek Grete bi't Afbögen so upfällig na achtern ?
Warum is se bi de neegste Krüzung nich links afböögt ?
Wat för'n Schild stund an den Slackenweg ?
Harr Grete dar rinföhren drufft ?
Mit wat för Situaschonen harr se dat in'e Stadt to doon ?
Von wenn af an weer Grete nich mehr upreegt ?
Wo kreeg Grete den Pröver in'e Kunn ?
Wor harr se em al maal sehn ?
Wat hebbt de beiden tosamen maakt ?
Woso hett de Pröver de ganze Tiet över Platt snackt ?
Kann dat woll angahn, dat Grete as junge Deern beter Trecker föhren kunn as de Verkehrsinjenöör ?

Schrief is even !

Kreuz ________ *vier* ________ *der Kerl* ________

Er kam ________ *Darf ich ?* ________ *Straße* ________

Spurwechsel ________ *Grüße deinen Vater !* ________

Er saß hinten ________ *Ich war aufgeregt* ________

machen ________ *ich mache* ________ *ich machte* ________

Leesproov ut dat Book "Striepten Speck " van Gustav Roggemann.

De Opel P 4

Vör'n lesten Krieg geev dat up'n Lannen nich vele Autos. In Dingstäe lepen villich twee oder dree. Een darvon weer'n Opel P 4 , un de höör Herrn Nitz to.

Up sien Auto leet Nitz nix nich kamen. So faken as't bloot angahn kunn, seet he stolt as'n Propetäär achter't Stüür un kutscheer ganz langsam dör'e Gegend.

Ida, sien Fro, holl uk grode Stücke up den Opel. Se leet sik geern schofföörn, wenn dat so passde.

De Wagen seeg alltiet smuck ut; he blitz un blänker, dat't Oort harr. Dat leeg daran, dat Ida dr so pinniebel mit weer un all paar Dage dr biseet to putzen un poleern, van buten un van binnen.

Ja, Nitz sien Opel P 4 kunn sik sehn laten !

In'n Krieg woord Nitz Suldat. Van dissen Dag af an stunn de Wagen in'e toslaten Garaasch un woord nich woller bruukt. Bloot eenmal in't Jahr reet Fro Nitz dat Door van'e Garaasch wiet apen, denn gung se den Opel mit Water un Lappen to Liev un höör nich eder up to wienern un to wischen, bit ehr levet Kind woller tipp-topp utseeg.

(Holzberg Verlag Oldenburg , 1990)

Satzbautafel

		de Ampel weer gröön
De Fahrlehrer	meende	ik harr nich uppasst
De Pröver	reep	ik weer dörfulln
He	sä	se schull anhooln
		de Slötel passde nich
		he kennde em

Die Umstandswörter Adverbien

Umstandswörter geben die näheren Umstände eines Geschehens an.

1. Umstandswörter des Ortes

beantworten die Fragen "wo ?" und "woher?"

Du slöppst achtern. Wor ?

achtern	hinten	annerwegens	anderswo
binnen	drinnen	bito	daneben
buten	draußen	darhen	dorthin
darunner	darunter	enerwegens	irgendwo
günnen	drüben	guntsiet	jenseits,
hendaal	hinunter	henut	hinaus
narns	nirgendwo	överall	überall

2. Umstandswörter der Zeit

beantworten die Fagen mit "wann, wie lange, wie oft ?"

De Schosteenfeger weer güstern hier. Wennehr ?

al	schon	amenn	schließlich
annerlest	neulich	bold	bald
domaals	damals	eenmaal	einmal
foors	sofort	güstern	gestern
miteens	plötzlich	naasten	nachher
överlangs	manchmal	upstünns	gegenwärtig
wedder	wieder	wollehr	ehemals

3. Umstandsdwörter der Art und Weise

beantworten die Fragen mit "wie?" (wo, woans)

Bilöpig froog he mi na mienen Vadder. Wo ?

bilöpig	nebenher	bilütjen	allmählich
binah	nahezu	dörgahns	durchweg
dra	schnell	jichens	irgend
överher	obendrein	rieklich	reichlich
sachs (sass)	vielleicht	tosamen	zusammen
upleefst	am liebsten	amenn,	letztlich,

Segg is even up platt :
Stelle die Tasche hierhin ! Vater ist draußen.
Ich kann ihn nirgendwo finden.
Irgendwo liegt das Buch.
Komm sofort herein !
Sie ließ sich gerne kutschieren.
Er war sehr stolz auf sein Auto.
Manchmal putzte seine Frau es stundenlang.

Lex veerteihn 14

Kunstflegers över Feller un Wischen

Von Heinz Edzards

(Leesproov ut dat Book "Stickelhaarig Frünnen" Holzberg Verlag Oldenburg, 1988)

Ene gode Streck af van de lesten Hüser van't Dorp, wor de Buurn dat Neddermoor an'e Bääk deep umplögen laten hefft un sick nu lange Feller hentreckt, dar sünd se för'n Sommer to Huus, de Wischen- un Fellerpauluuns.
De Lentmaand harr jüst anfungen, do kreeg ick den eersten to Gesicht. Dat Wäer weer nattkoolt, un ick harr bold Angst, dat he noch versmachten un verklamen dee. Man he leet sick't nich verdreten un schoot mit een "Kui-witt" över mi weg. Gefullt't em nich, dat ick em begröten wull ? De Tiet darna broch veel Arbeit för mi, un so keem ick eerst veertein Daag later woller an de ole Stäe. Man, do tro ick miene Ogen nich : Tominnst een half Dutz van de stolten Gesellen dreev siene willen Spille över de Feller. So vele harr ick in'n Lentmaand noch ni up dissen Placken andrapen.
Bold jeden Dag weer ick van do an dar, mi de Kiewitts dör't Feernglas nöger to bekieken.
Ick fund rut, dat de Kunstflegers in'e Lucht de Kiewittmännken weern, de de Wiefken dar

unnen in't Gassenfeld or in'e fuchtige Wisch wiesen wullen, wo duchtig se't kunnen. Wahrraftig, ehre Lex in Flegen weer dat Ankieken weert : Bold schoten se mit een "Chächuit" piel or schreeg hooch, bleven een beten baben un kemen denn mit een "Wiuchi" runnerstort, fungen sick up, ännern de Richt, flogen in'n Zick-zack, up'n Rügg, schoten koppheister un smeten sick van ene Siet up de anner, överdarig as se weren . Dar höör man denn een Rusen un Wuchteln bi. Un wenn een unnen weer bi dat Wiefken, denn trippel de um ehr rum, wipp mit den Steert un fung an in'n Sand to klei'n, as of he ehr seggen wull, dat se woll bold mit'n Nestmaken anfangen kunnen.
Een paarmal harr ick een Kiewittmännken ganz duun vör mi in't Glas. Een staatschen Vagel ! Baben up'n Kopp, an'n Vörhals, vör de Bost un an't Steertenne glinster dat Fedderkleed, as weer't ut swartgröne Siede. Un up'n Rügg eerst de veelklöörte Mantel in Dunkergröön, Blau, Purpur un Vigelett ! Eenfack witt lüchen dargegen de Si'en van'n Hals, de Steert kastanjenbruun. Dat kunn ick goot sehn, as een Männken mal um siene tokamen Fro rumdanz un dar de brunen Feddern bi wies.
Ja, un wat den Kiewitt den Ökelnaam "Pauluun" inbrocht hett, dat sünd de wunnerbare Mantel un de lange, smalle Fedderholle an'n Kopp, de an't Enne spleten is.
Bi't Tokieken mutt man veel Gedüür hebben. Se möögt de Minschen nich so geern un passt hellsch up, dat de ehr nich to nah kaamt. Anners verhoolt se sick bi enkelte Deerter. Verleden Jahr heff ick beleeft, dat een Kiewitt up een Hund runnerstott un ganz duun an sien Kopp vörbischaten is, dat de Hund al na em snappt hett.
Den ganzen Lentmaand dör weer veel Leven up un över de Feller un Wischen.
Man as de eersten Daag van den Ostermaand kemen, wurd dat Jachtern in'e Lucht sinniger.
Nu fung de Eernst för de Kiewitts an. As ick denn olivgröne Eier mit dunker Punkten in een Nest liggen seeg, bün ick dar nich woller hengahn. De Vagels bruukden Rauh för de kamen dree bit veer Weken, de Eier to besitten.

Woortverklaarn in alfabetischen Törn

Bääk	Bach	Pauluun	Pfau
besitten	ausbrüten	piel	steil
duun	dicht,nahebei	Placken	Flecken, Stelle
Feller	Felder	Siede	Seide
fuchtig	feucht	spleten	spalten
Gassen	Gerste	staatsch	stattlich
jachtern	tollen	stort	gestürzt
kleien	kratzen	troon	trauen, glauben
Lentmaand	Lenzmonat	veelklöört	vielfarbig
Neddermoor	Niederungsmoor	verklamen	erfrieren
nöger	näher	vigelett	violett
Ökelnaam	Spitzname	Wisch	Wiese

Fragen to dat Vertellsel

Wecken Vagel hett Heinz Edzards beluurt ?
Wo nöömt he den Kiewitt ?
Warum harr he Angst,dat de Kiewitt versmachten un verklamen kunn?
De Kunstflegers in'e Lucht, weern dat de Wiefken or de Männken ?
Wecke Klören kaamt in dat Vertellsel vör ?
Van wecke Liefdelen is de Reed ?
Wat hett de Hund in dat Vertellsel to söken ?
Wo laat't de Eier van den Kiewitt ?

1. Vergleich der hochdeutschen und plattdeutschen Formen

der alte Hut	de ole Hoot
den alten Hut	den olen Hoot
mit altem Hut	
ein alter Hut	een olen Hoot
einen alten Hut	enen olen Hoot
der Hut ist alt	de Hoot is oolt
der Hut ist älter	de Hoot is öller
der Hut ist am ältesten	de Hoot is an'n öllsten
ein älterer Hut	'n öllern Hoot

Wie wir an dem Vergleich erkennen können, hat das Eigenschaftswort im Plattdeutschen weniger Flexionsendungen als im Hochdeutschen Für den 2. und 3. Fall (Genitiv und Dativ) entfallen besondere Formen, und die Unterschiede zwischen den Geschlechtern sind minimal.

Zur Erinnerung:

goot- gode, sööt - söte, hoog - hoge, heet- heter, suur - sure, sööt- söte, laat - later, leef - lever, leeg - leger, root - rode, ruuch- ruge (rauh - rauhe) soor - sore (ausgetrocknet), doof - dove (taub, hohl, betäubt), deep- deper (tief)

2. Die Flexion der Eigenschaftswörter

1. Fall	**4. Fall**	**Mehrzahl**
männlich		
de grode Pott	den groden Pott	de groden Pött
een groden Pott	enen groden Pott	grode Pött
de scharpe Hund	den scharpen Hund	de scharpen Hunnen
een scharpen Hund	enen scharpen Hund	scharpe Hunnen
de lütje Vagel	den lütjen Vagel	de lütjen Vagels
een lütjen Vagel	enen lütjen Vagel	lütje Vagels
de hoge Boom	den hogen Boom	de hogen Bööm
een hogen Boom	enen hogen Boom	hoge Bööm
weiblich		
de söte Pluum	wie im 1. Fall	de söten Plumen
ene söte Pluum	"	söte Plumen
de rode Katt	"	de roden Katten
ene rode Katt	"	rode Katten
de brune Tass	"	de brunen Tassen
ene brune Tass	"	brune Tassen
de bunte Koh	"	de bunten Keuh
ene bunte Koh	"	bunte Keuh

sächlich

dat wiede Land	wie im 1. Fall	de wieden Länner
een wiedet Land	"	wiede Länner
dat ole Huus	"	de olen Hüser (Hüüs)
een oolt Huus	"	ole Hüser (Hüüs)
dat nee'e Book	"	de nee'en Böker
een neet Book		nee'e Böker

3. Die Steigerung der Eigenschaftswörter

)ie erste Steigerungsstufe wird wie im Hochdeutschen mit der :ndung -er, die zweite mt der Endung -st bzw. -ste gebildet. ıie vergleichende Form mit am (z.B. am besten) wird durch an'n an'n besten) ausgedrückt. Früher wurde statt "an'n" vielerorts up't" gesagt.

Grundstufe	*1. Steigerungsstufe*	*2. Steigerungsstufe*
fuul	fuler	an'n fuulsten
heet	heter	an'n heetsten
groot	grötter	an'n gröttsten
klook	klöker	an'n klööksten
luut	luter	an'n luutsten
mö	möer	an'n möösten
nee	nee'er	an'n neesten
riep	rieper	an'n riepsten

Steigerung durch zusammengesetzte Wörter

ı Plattdeutschen werden mit Vorliebe statt der Steigerungsformen zusammengesetzte genschaftswörter benutzt. Bilde Sätze mit den folgenden Beispielwörtern !

itjenatt *Mien Handook is klitjenatt*	knakendröög ________
inkenfuul ________	ratzekahl ________
eenhart ________	pottenhässlich ________
arwenskrank ________	höltenmager ________
›litternaakt ________	proppenvull ________
ılkendüster ________	pickswart ________
ıitschegeel ________	dodenstill. ________

5. Segg is eben up platt ! **Wenn du wullt, denn schrief hier .**

Sie ist arm wie eine Kirchenmaus .	____________________
Sie ist älter als ihr Bräutigam (Brögamm)	____________________
Du bist genau (jüst) so groß wie ich.	____________________
Dein Bruder ist größer.	____________________
Vater ist der größte.	____________________
Ehrlich währt (wahrt) am längsten.	____________________
Binde die Schuh fester zu !	____________________
Heute ist es kälter als gestern .	____________________
Welches Messer ist das schärfste ?	____________________
Wie heißt der älteste Sohn ?	____________________
Du bist mein Liebster.	____________________

Satzbautafel

Glööfst du, dat	Anke	grötter is	as / at	miene Süster ?
Meenst du, dat	Anna	klöker is		diene Dochter ?
Weest du woll, dat	se	nich öller is		Gerd siene Fro ?
	diene Fro	gieziger is		
		rieker is		
		jüst so dick is		
		fliediger weer		
		fuler wesen is		

Schrief is even !

groß, größer	____________	*klug, klüger*	____________
faul, fauler	____________	süß, süßer	____________
hoch, höher	____________	kurz, kürzer	____________
laut, lauter	____________	kalt, kälter	____________
neu, neuer	____________	alt, älter	____________

Lex foffteihn 15

Van ole un nee'e Klenners

"Wecken hebbt wi vandagen ? "
Disse Fraag is eene van de, de an'n fakensten stellt weert. Hüdigendaags is dat jo licht, dar flink un akraat Bescheed up to kriegen. Meist an jede Wand hangt een Klenner, un jeedeen, de wat up sik hollt, hett'n Taschenklenner bi sik, dat he man jo nich in'e Kniep kummt, wenn he sik is in sien Tiet trechtfinnen mutt.
An'n besten sünd jo ümmer noch de Klenners to'n Afrieten. Jeden enkelten Dag rittst du een Blatt af, un denn hest du't swart up witt vör di : den Wekendag, siene Tahl in den lopen Maand un ok noch den Naam van den Maand.
Up de groden Wandklenners hebbt de bunten Biller meist mehr to seggen as dat Klennert, un ik meen, dat hölpt mi nix, wenn'k nich weet, of vandagen Donnersdag oder Freedag is
Wo hebbt de Lü dat bloots maakt, as datt de printen Klenners noch nich geef ?Dor heff ik överlangs ok al över nadacht, un annerlestens heff ik in een oolt Book wat funnen, dat hett mi verklaart, wo de Olen sik to hölpen wussen.
Över de Döör in 'e Dönz harr de Vörgänger van den printen Klenner sienen Platz. De Buur leet sik mit Öölfarv de Anfangsbookstaven van de Wekendaag upmalen, oder he schreef ehr sülfst mit Kried darhen. Unner de Bookstaven maalde he jeden Sonndag de Dagestahlen. Dat seeg denn ungefähr so ut :

S	M	D	M	D	F	S
15	16	17	18	19	20	21

Den tokamen Sonndag höövde he bloots de Tahlen wegtowischen un de neegsten seven woller antoschrieven.
Woveel Daag de lopen Maand harr, dat wuss he meisttiets butenkopps, un wenn't doch maal nich ganz wiss weer, denn kunn he dat licht van siene Knullfuust afkieken. De Knövels van de Fingerlidden un de Küülkens dartwüschen düden em an, of he mit dartig oder eenundartig Daag to reken harr. Verdoon kunn he sik dar nich bi.. De Maand, de up'n Knövel leeg, weer lang. Full he in'n Küülken, denn weer he kort.
Wenn de Buur mit sien Kried vör de Döör stund un an siene Fuust dörschecken de, of de Maand kort oder lang weer, denn kunnen de Tokiekers faken dat Üzen nich laten.
"Vadder, pass up , dat du dienen Dumen nich mittellst !" oder
"Vadder, tell diene Fingers is trüggels ! Teihn, negen, acht seven, sess, un an de anner Hand fief, dat sünd tosamen ölben."
De Anfangsbookstaven van de Wekendaag reizen de Huusbewahners un mitunner ok den Besöök darto, spaassige Sätz to billen.

Süh Maal, Dien Moder, De Flickt Strümp oder
Sien Mutt, De Mutt Dat Foor Söken

Ümmer nee'e Sätz to finnen, dat weer een mojen Tietverdriev, un wenn dr maal wat bi rutkeem, wat'n beten to scharp weer, denn weer nüms up'n Slips pett.
En Student, de siene Semesterfeerjen up'n Öllernhoff tobroch, stellde fast, dat siene Moder sik lesttiets teemlich upfällig un snaaksch tieren dee. He wahrde sik aver , ehr sien Menen weten to laten.
Eensdaags kemen de beiden sik so'n beten in'e Plünnen, un wiel se jüst vör de Dönzdöör stunnen, wiesde de Söhn up den Klenner un verklookfiedelde mit'n knääpsch Gesicht :
"Strenge Madam, diene Maneren , de floreert sünnerbaar."
De Moder keek em verbaast an, aver se weer ok nich up'n Mund fulln un anterde stantepee :
"Snack man düütsch mit dien fransch Sabbelsnuut !"
Beide mussen se van Harten lachen över ehre splienigen Töög, un so weer de lütje Striet vergeten.
Mit den Klenner över de Dönzdöör keem de Buur aver nich ut. Tominnst muss he ok noch 'n Anschriefbook hebben, wo he sik in upschreef, wennehr de Kinner un de Deensten Geboorsdag harrn un sowat dr her. Dar stund ok in, wennehr de Mähren bi'n Hingst un de Keuh bi'n Bull wesen weern. So kunn he utreken, wennehr de Fahlen un Kalver up de

Welt kamen mussen. Hüdigendaags schall't jo al Buurn geven, de hebbt dat all in ehren Kumpjuter " spiekert".
Nu aver noch'n Woort över nee'e Klenners, de jo as Plattdüütsch-Studenten seker intresseert. Ik meen den Plattdüütschen Klenner. De ward jedet Jahr ruutgeven van'n Ollnborger Kring tosamen mit 'n Spieker. Dar staht moje Vertellsels in, för Grode un ok för Göörn. Well dar dat ganze Jahr över ümmer maal woller in lesen deit, de finnt dar veel in to'n Högen un to'n Besinnen, un bilöpig deit de Leser dar ok wat för, dat sien Platt nich unner de Welen kummt. Den kööpt jo man!. För sess Mark fofftig ward he in jeden Bookladen anbaden.

Woortverklaarn in alfabetischen Törn

annerlestens	neulich	Bescheed	Bescheid, Auskunft
düden	deuten	Dumen,	Daumen
Fahlen	Fohlen	floreren	blühen
Foor	Futter	fransch	französisch
höven	brauchen, müssen	hüdigendaags	heutzutage
in 'e Kniep	in Verlegenheit	Klennert	Kalendarium
knääpsch	schelmisch	Knövel	Knöchel
Knullfuust	geballte Faust	Keuh, Keih	Kuh, Kühe
Kried	Kreide	Kring	Ring
Küülken	Grübchen	Lidd	Gelenk
lopen	laufend	överlangs	manchmal
printen	drucken	Sabbelsnuut	Lästermaul
stantepee	auf der Stelle	tieren, teren	sich zieren, gebärden
Töög	Streiche, Dummheiten	üzen	necken, foppen
verklookfiedeln	erklären	Weel, Welen	Rad, Räder

Weerregeln

In' Sneemaand veel Regen un wenig Snee,
dat deit de Feller un Wischen weh.
Is it Lechmiss hell un klaar,
gifft't gewiss een godet Jahr.
In'n März veel Regen,
in'n Sommer kien Segen.
Laat't in'n April man regen un geten,
denn ward us de Arnte nich verdreten.
Mai köhlig un natt,
maakt vull de Schüür un dat Fatt.
Wenn't Sevensleper regent,
denn regent't seven Weken.
Morgenroot bringt Water in'n Sloot.
Bringt de August in'n Anfang veel Hitt,
is de Winter lang un witt.
Sünd de Vagels Michaeli noch hier,
denn föhlt wi van'n Winter man'n Spier.
En warmen Oktober, dat is wahr,
börgt för 'nen kohlen Febraar.
Sneet't Allerheiligen langen un laat,
denn legg dien Unnertüüg man praat.
Wiehnachten in'n Klee,
Oostern in'n Snee.

Schrief is even !

Kalender ______________ Monat ____________ Woche _____________ Tag ___________

drucken ________________ Dummheiten ___________ manchmal _________________

Ring ___________________ erklären ______________ gebärden _________________

Dat Gegendeel söken un upschrieven

Dag	______________	arm	______________
Morgen	______________	laat	______________
Sommer	______________	koolt	______________
Alldag	______________	klook	______________
Küll	______________	Saat	______________
lang	______________	swart	______________
dröög	______________	Öllern	______________
oolt	______________	Mannslü	______________
sööt	______________	baben	______________

Lex sessteihn 16

Fierdagsbrüük

Fastelavend oder Fasslamm

Vör hunnert Jahren woor noch in ganz Noorddüütschland Fastelavend oder Fasslamm fiert. Wo dat vör 350 Jahren in'n Stegerland togung, dat hett us de Berner Chronist Heinrich Vollers *1644* in siene "Klene Cronica" upschreven.
In Berne sammelden de jungen Keerls un Deerns al lang vör Fastelavend den Gassen för dat Fastelbeer in. Se gungen van Huus to Huus un frogen na, woveel Lü an de Sellschupp deelnehmen wullen. För jeedeen muss een halven Schepel Gassen aflevert weern. In de Berner Broeree woor de insammelte Gassen gegen godet Beer umtuuscht. Vollers meende, för'n halwen Himten (15 l) kreeg 'n al soveel Beer, dat 'n dar een bit fief Daag mit lustig wesen un sik enen goden Ruus andrinken kunn.
De jungen Lü keem dat aver nich up de Sellschupp mit de Öllern an. Se wullen unner sik blieven, un darum gungen se noch maal wedder rum un sammelden Geld, Wuss un Eier för ehren Fastelavend. In jedet Huus sungen se ehre Leeder vör. Je beter un länger se sungen, je mehr smeten de Huusbewahners ehr in'n Korf.
För dat insammelte Geld koffen de jungen Lü Beer. De Eier woorn to Eierbeer oder Eierpannkoken verbruukt, un de Wüss kemen in dat Fierdagseten. Dat weer mehrstens Gröönkohl.
Up de Fastelavend-Sellschup van de olen Lü woor düchdig danzt

Bruuk *Brauch*
Stegerland *Stedingerland*
Sellschupp *Gesellschaft*
Schepel *Scheffel*
Ruus *Rausch*
Wuss *Wurst*

un eten un drunken. Vollers schreff, dat "en rechtschapen Vastelavend un Sellschup överlangs en paar Daag duurde."
Von de groden Fastelavendfiern is in wecke Kuntrein bloots noch dat Fasslammlopen överbleven. An Fastnachdingsdag verkleedt sik de Jungs un Deerns mit bunt Tüüg un Schabellen . So loopt se denn dör de Straten, kiekt bi Bekannten un Geschäftslü in un tööft up'n lütje Gaav. Darbi singt se :

Kuntrei *Gegend*
verkleden *verkleiden*
Schabell *Maske*

Gaav *Gabe*

Fasslamm, Fasslamm angefangen,
Moder, hebbt ji'n Mettwuss hangen ?
een is nix, twee is wat,
geeft us dree, denn gaht wi padd.
Laat't us nich to lange stahn,
denn wi mööt noch wietergahn,
wüllt na Reinert Janzen,
de schall us lehrn dat Danzen,
de schall us lehrn dat Trummelslaan,
un denn wüllt wi na Huus hengahn.

Annerwegens singt se ok woll so :

Fastelam, Fastelam angefangen,
Moder, hebbt ji'n Mettwuß hangen ?
Vadder, krieg de Gaffel her !
Mettwuss, dat is us Begehr.
Hebbt ji Höhner, swart un witt,
de us noch een Ei henschitt ?
Laat us nich to lange stahn,
denn wi mööt' noch wietergahn.

Oostern

Ut dat ole germaansche Woort "Ostara Ase" (Ostergöttin) is laterhen dat Woort Oosterhaas woorn. So as wollehr de Vörjahrsgöttsche Ostara leggt nu de Oosterhaas an'n Oostermorgen de Eier in de Oosternüster, oder he versteckt ehr unner Blöör un Strüker.Wenn de Göörn ehr insammelt, denn mööt't se goot uppassen, dat se dar nich up pedden doot. Wecke Eier hangt ok woll an Tacken un Telgen van Bööm. Wo de Oosterhaas dat klaar kriggt, dar hett sik al meenigeen lütjen Kiekindewelt över wunnert. Meisttiets fraagt se dar aver nich veel na. Se gaht dar lever foors bi to eten, denn hööft se bi't Delen kiene Angst to hebben, dat se to kort kaamt.

wollehr *ehemals*
Göttsche *Göttin*

Al Weken vör Oostern taagt de Jungens Strüker un Sprickels tosamen un schicht de up to'n hogen Bulten. In Oostfreesland un in'n Jeverland treckt de Jungens van Hoff to Hoff un sammelt wat för't . "Paaskfüür". So heet dat Oosterfüür hier. Faken ward darbi sungen :

Paask (vgl.:hebr. Passah und span. pascua =Ostern, Fest; holl.paasei = Osterei)

Wi sammelt wat to't Paaskefüür,
de olen Teertunn' sünd so düür.
Wüllt ji nich een beten geven ?
Schöllt de Freid denn mitbeleven.

För dat Geld, wat bi de Sammelee tohoopkummt, weert hütigendaags natüürlich kiene Teertunnen mehr kofft, sünnern Rocketen un annern Füürwarkskraam.
An'n ersten Oosterdagavend is't denn sowiet. So dra as't düüster ward, kaamt de Dörpslü tosamen, un dat Oosterfüür ward anstickt. Wenn de Sprickels moi dröög sünd un de Wind 'n beten weiht, denn düürt dat nich lang, bit dat de Flamen hooch upstiegt un de gleunigen Funken övern Platz spüttert.
Wenn de Bulten in sik tosamensackt un binahst afbrennt is, denn weert dr Kartüffeln rinsmeten. De Jungs un Deerns springt geern över de hede Gloot, un naher raakt se de smoorten Kartüffeln ut de gleunige Asch un eet't se up.

ansticken *anzündent*
gleunig *glühend*

heet, hede, *heiß*
raken *raffen, kratzen*

Maifierdag

Maifierdag, dat is na den eersten Weltkrieg de Dag van de Arbeit woorn. In verleden Tieden heet dat bloots Maidag, aver mit de Arbeit harr't ok domaals al wat to doon. Up'n Buurnhoof leep för wecke Deensten de fastmaakde Tiet af, un anerswecke woorn woller instellt. "Maidag hau ik in'n Sack " sä mennigeen , un wenn he Glück harr, denn kunn he annerwegens foors woller anfangen.

Maidag ward vandagen in vele Dörpen een Maiboom upsett'.Dat is mehrstendeels een slanken Dannenstamm. Baben up'n Topp hangt een Kranz ut Dannengröön. De is mit bunte Bänner moi smuck maakt woorn.

Wenn dat Vörjahr al warm noog weer un de Barken al gröön sünd, denn höört dr ok 'n ornlichen Barkenstruuk baben an de Spitz. An den Stamm sünd faken bunte Handwarkswappen fastmaakt. Darr kann 'n an sehn, dat de Maiboom veel mit Nadenken över Arbeit to doon hett.

Dat Uprichten up'n Dorpplatz oder vör'n Kroog is nich so eenfach, wenn de Boom lang un swaar is. In vele Dörpen hett de Füürwehr dat övernahmen. För de is dat man'n Snuppdiwupp, denn steiht de Boom fast in'e Grund, un de Fier kann loosgahn.

Jungs un Deerns van't Landvolk danzt, de Gesangvereen oder Schoolkinner singt Vörjahrsleder, un twüschendör hollt de Börgermester 'ne Anspraak. All Lü lüstert nipp to un hebbt dat Geföhl, dat dat Leven up'n Dorp wedder maal ene van siene goden Sieten rutkehrt.

In de eerste Nacht mutt'n Wacht bi den Boom upstellt weern. De jungen Keerls ut'n Naberdorp versöökt dat to geern, den Maiboom to roven un neven ehren egenen in ehr Dorp uptostellen. Of dat'n Unaart is oder nich, dat kann nüms verklaarn. Wiss is aver, dat'n klauten Boom mit'n Fatt Beer utlööst weern mutt. Um dat Beer deit de Maiboomsetters dat nich leed, aver sik den Boom klaun to laten, dat is schanneweert, un darum passt se goot up; of dr sik nachts well anslickt .

Pingsten

In vele Dörpen, wor dat Maiboomsetten nich Bruuk is, ward to Pingsten een Pingsterboom upstellt. In't Ollnborger Münsterland geiht dat faken'n beten anners to as bi't Maiboomsetten. An'n Avend vör Pingsten stellt de Jungkeerls vör de Hüüs van de Naversdeerns enen Barkenboom up. Annerwegens is dat so, dar deit jeedereen dat vör sien Huus sülfst. An jede Siet van de Grootdöör kummt ene mannshoge Bark to stahn.

An'n Namiddag van'n eersten Pingstdag treckt de Jungs denn van Huus to Huus. Se wüllt de Pingsterbööm begeten. Wat se mit "Begeten" meent, dat weet' de Deerns un de annern Huusbewahners. Se kaamt denn mit'n Buddel Kööm vör de Döör un schenkt 'n Lütten in. Wecke jungen Lü hebbt aver mit dat Begeten nich veel in'e Mütz. Se maakt lever 'ne Pingsttuur mit'n Rad oder'n annern fahrbaren Unnersatz. Un dar höört sik bi, dat dat Fahrtüüg mit'n Barkentwieg ornlich smuck maakt ward.

Arntfier

Wollehr woorn in vele Ollnborger Gemeenden an enen Sonndag in'n September oder Oktober de Arntfiern afholen.In de Kark hung denn ene Arntekroon, un de Chor weer mit Blomen un Frücht schöön utstaffeert.

In wecke Kaspels maken se ok Umtöög mit Wagens. De weern moi bunt maakt,un dar stunnen Biller un anner Kunstwarken up, de all wat mit de Arnt to doon harrn. Dat seeg denn överlangs so ut , as wi dat vandagen in't Feernsehn van den Köllschen Karneval to

Dorp, Dorpen,Dörpen, Dörper *Dorf, Dörfer*

Snuppdiwupp *Handumdrehen*

nipp *aufmerksam*

Wacht *Wache*
roven *rauben*
neven (ä) *neben*

schanneweert *schändlich,*

Kööm *Schnaps*

Frücht *Obst und Getreide*

sehn kriegt.
An'n Avend kemen de Dorpslü denn in'n Kroog to'n Arnteball tohoop. Dat weer na de harde Sommer- un Harfstarbeit een lustig Vergnögen. Dat harr sik elkeen suur verdeent.
Dat is nich so, dat datt vandagen narns nich Arntfiern mehr gifft, aver eens is wiss : so'n fasten Bruuk as dat fröher maal weer, is dat nich mehr.

Sünnerklaas — *Sankt Nikolaus*

An'n Höravend van'n 6. Dezember, wenn't düüster ward, kummt Sünnerklaas mit sienen Knecht Ruprecht in de Hüüs, wor Kinner sünd. Sünnerklaas lett de Göörn singen un beden un Gedichten upseggen. Dorna seggt he ehr, of se dat goot oder nich so goot maakt hebbt. De Slüngels gifft he 'n lütjen Wischer, un de Bangbüxen straakt he'n beten. Toveel Angst schöllt se jo nich vör em hebben. Denn grippt he in sienen Büdel un haalt för all de lütjen Leckersnuten ene Klenigkeit to'n Vörschien, Appelsinen, Beuntjes, Nööt un sowat dr her.
In wecke Kuntrein kummt Sünnerklaas nich in't Huus. Dar stellt de Kinner 's avends Holschen up datt Finsterbrett, un an'n annern Morgen sünd de wahrraftig vullstoppt mit leckern Snoopkraam. As dat noch de apen Füürstäen geef, woorn de Töllers up'n Heerdrand stellt, un Sünnerklaas smeet de goden Saken eenfach to'n Schosteen rin. Ut disse Tiet stammt de folgen Riemel:

beden (ä) *beten*
Slüngel *Schlingel*
straken *streicheln*
Beuntje *Bonbon*
Holschen *Holzschuhe*

Sünnerklaas, du gode Bloot,
bring us'n beten Zuckerbrood,
nich to veel un nich to minn'
smiet't us man to'n Schosteen rin !

Up'n Ammerland, bi Delmost un Willshusen löppt dat ganz anners. Dor maskeert sik de Kinner, oder se bemaalt sik un teet buntet Tüüg an un gaht so van Huus to Huus. Vör de Dören singt se Adventsleder. De Huusbewahners laat't de lütjen Gäst rinkamen un versöökt dat ruuttokriegen, of se enen van de Schabellensköpp kennt. Meisttiets will dat aver nich glücken. Mit lütje Koken un annern Slickerkraam oder 'n paar Groschen treckt dat junge Volk denn endlich woller af. Faken düürt dat nich langen, denn steiht dat neegste Koppel al vör de Döör. Dat kann angahn, dat 's avends all Sötigkeiten un dat Kleengeld ratzeputz ut'n Huus verswunnen sünd.

Slickerkraam *Näscherei*
Koppel *Gruppe*
ratzeputz *restlos.*

Wiehnachenavend

Wiehnachenavend kummt dat Christkind oder de Wiehnachtsmann. In de Familjen, de Wiehnachen ganz bewußt as Christfest fiern wüllt, heet dat "Christkind", un in de annern is dat de Wiehnachtsmann, ahn dat dar wat van den christlichen Sinn van Wiehnachen mit afschünnt weern schall.
De Wiehnachtsmann ritt up'n Schimmel. Heemlich kummt he in't Huus un bringt siene Gaven. Dat sünd Appels, Sötigkeiten, Backwark un ok anner Geschenken, so as Speeltüüg, Kleedaasch un wat Kinner sünst noch bruken köönt. Wenn he in de grode Stuuv togangen is, denn köönt de Göörn dat faken gar nich aftöven. Se kiekt dör't Slötellock, of't noch nich bold so wiet is. Upletzt pingelt de lütje Klock an'n Dannenboom, un denn stort se rin in de Wiehnachtsstuuv. Stracks stüürt se up den Disch mit de Geschenken to."Aver nä doch!" seggt Moder denn, "Eerst stellt wi us an'n Dannenboom un eerst ward sungen. Dat hööt sik so."
De Kinner begriept dat goot, wo Moder dat meent, aver 'n beten hiddelig sünd se jo doch. Wenn denn een oder twee van de bekannten Wiehnachtsleder sungen sünd un ok noch'n Gedicht upseggt woorn is, denn kummt de Bescherung. Jedereen finnt den Platz, wor siene

afschünnen *abschieben, sich von etwas lösen*
stracks *geradeswegs*

Geschenken liggt, un nu geiht dat Utpacken un Bewunnern un Bedanken loos.
"Dat harr'k mi nich vermoot !" seggt de ene, un "Dat heff ik mi al lang wünscht." de annere. Vadder und Moder sünd tofreden, un se steekt sik gegensiedig ehre Geschenken to. Fröher kreeg Vadder 'n Slips oder 'n Paar wullen Strümp un wat to smöken. För Moder weer dat faken een Stück fiene Seep oder 'n lütjen Buddel mit Klonje un'n Stück Tüüg. Vandagen is dat jo allens 'n beten anners.
Wenn een dat överlangs höört, wat dr schunken ward an düren Smuck un afsunnerlichen Krimskraams, denn weet 'n al gar nich mehr, wat dat noch mit Wiehnachten to doon hett.

tofreden (ä) *zufrieden*

Klonje *Parfüm*

Ooltjahrsavend

Silvester

Up'n Ammerland woor Wiehnachenavend ok Dickbuuksavend nöömt. Denn kunnen de Kinner un Deensten soveel Fleesch un Speck eten, as se muchen. In anner Kuntrein weer Dickbuuksavend an Silvester. Denn geef dat "Dicken Ries mit Plumen" oder "Struven-Pannkoken", dat is Gestdeeg mit Rosinen un Appelstücken. In'e Wersermasch kemen de Rulken up'n Disch (dat Rezept steiht wieter achtern in dit Book), un in'n Münsterland eten se an'n leefsten Arfken (Arften) oder Gröönkohl mit'n halven Swienskopp.
De Eetgewohnheiten hebbt sik lesttiets bannig ännert, aver dat Drinken steiht an Silvester ümmer noch babenan.Mit Grog un Punsch ward nich spaart, un darto gifft dat, jüst so as dat fröher weer, Bambeusjes. De seht so ut as Berliners, aver dar sünd Krinten in, un se weert in'n Pann backt. In vele Hüüs staht Ooltjahrsavend ok al de Neejahrskoken up'n Disch. Dat sünd Krüllkoken, de weert up'n Waffeliesen backt. Wenn se noch heet sünd, weert se upkrüllt, un so dra as se afköhlt, sünd se moi kross.
Bi all dat Eten un Drinken ward denn smolten Blee in Water gaten un de afsunnerlichen Figuren, de dar bi rutkaamt, de weert düüt, un dat schall för't nee'e Jahr gellen.
Hüdigendaags weert up'n Lannen ok al veel de neemoodschen Knallers un Füürwarksartikel looslaten. Wenn Klock twölf de Karkenklocken to lüden anfangt, denn is de Heven vull van gleunige un sirssen Kometen. Van de Nabershüüs roopt se röver "Proost Neejahr" un överlangs kann 'n vör luter Spektakel sien egen Woort nich verstahn

Wesermarsch
Gest *Hefe*
Rulken *dicke Wurst aus Schweinefleich und Reis*
Krinten *Korinthen*
Bambeusjes *ballförmiges Gebäck mit Füllung*
Krüll *Locke*

smolten *geschmolzen*
Blee *Blei*
upkamen *entstehen*

Schrieven :

Gesellschaft ____________________ *Schlingel* ____________________

Holzschuhe ________________ *Parfüm* ________________ *Korinthen*________________

Bonbon ________________ *Gruppe* ________________ *Frühjahr* ____________________

heutzutage ________________*Hefeteig* ________________*Tannenbaum* ________________

Neejahrsriemel

Wi wünscht jo all een goot nee Jahr,
'ne lütje Deern mit kruse Haar,
'nen lütjen Jung mit scheve Benen,
de schall jo Moder dat Geld verdenen.

Übungen

1. **Setze passende Umstandswörter ein !**
(narns, achtern, dar, buten, binnen,enerworrns,günnen)

Mien Mann is ___________in'n Gaarn. (wo ? hinten)

He snitt ___________de Rosen. (wo ? dort)

Ik heff em _______ nich funnen.(nirgendwo)

Denn is he woll _________.

Dar ________is he jo.

2. Umstandswörter der Zeit

Karl weer ___________hier . (wann ? gestern)

He kummt ___________fakender (gegenwärtig, neuerdings)

Wi gaht ____________in't Theater (häufig, gelegentlich)

Wi weren ____________ok dar. (gestern)

Hebbt ji dat "Hochtietskleed" __________ sehn ? (schon)

_________is't nich licht, Karten to kriegen. (meistens)

_________sünd all Plätze besett'. (immer)

_________gaht woll mehr Lü in't Theater.(heutzutage)

3. Umstandswörter der Art und Weise

Wüllt wi ___________Kaarten spelen ? (miteinander)

So ____________fallst du mi up de Nerven. (allmählich)

Wenn ik _________kann, gah ik morgen wedder hen. (irgend)

____________harr ik vergeten, di aftohaaln.(beinahe)

Ene Roos geef ik jo ____________ (überher, obendrein,)

_______________harr ik mi ok noch 'n paar Lieljen kofft(gern).

Lex seventeihn 17

He snackt'n beten veel

In't Jeverland weer is'n Auditor ut Ollnborg versett't woorn, de kien Woort Plattdüütsch verstund. He vertell dat sienen Amtsrichter, as he maal'n Termin up'n Lannen afholen schull.
"Wie fang ich's nur an, wenn ich mit den Leuten im Wirtshaus zusammensitze ? Ich fürchte, man genießt gleich weniger Vertrauen, wenn man sich nicht plattdeutsch unterhalten kann."
"Och !" sä de Amtsrichter." Wenn 't wieter nix is ! Markt Se sik man dree Redensarten:
- Dat's jo wat ! - Dat scheelt'n Bült ! - Dor liggt't jüst in ! -
Mit de dree Snäck kaamt Se ümmer torecht."
De Auditor gung denn jo loos, un as de Termin to Enn weer, seet he noch 'n beten mit de Buurn in'n Kroog tosamen.
Veel snackt woor dr nich ."Moi Weer vandagen !" sä de een.
"Dat's jo wat !" sä de Auditor. Denn weer't 'n Sett still. Do sä de anner:
"Dat is to dröög ! Wi bruukt nödig Regen !"
De Auditor anter : "Dat scheelt'n Bült "
Na'n lange Tiet keem de drüdde :
"Man nich to veel !"
Un de Auditor sä "Dor liggt't jüst in !"
As de Auditor afföhrt weer un de Buurn wedder alleenig weern, menen se, de nee'e Auditor weer doch'n netten Keerl.
"Avers he snackt'n beten veel !" meen de ool Wessels.

(Plattdüütsch Klenner, 1960)

Satzbau und Ausdrucksweise im Plattdeutschen
Der gute Sprachstil zeichnet sich aus durch klaren Gedankenaufbau, Anschaulichkeit, treffende Wortwahl und Wortsparen. Lange verschachtelte Sätze und überflüssige, nichtssagende Redewendungen sind ihm zuwider. Ganz anders sieht es im sogenannten Schreibstubendeutsch au. Es gefällt sich darin, möglichst viel in einem Satz unterzubringen,mehrere Nebensätze ineinanderzuschachteln und umständliche, unverständliche Redewendungen zu benutzen.
Die Wegweiser zu einem guten deutschen Stil empfehlen , "dem Volk aufs Maul zu schauen". Der Mann aus dem Volk redet vorzugsweise in Hauptsätzen, die er mit "und" verbindet oder denen er in überschauarem Rahmen kurze Nebensätze anfügt. Unser Plattdeutsch steht dieser Sprach- und Sprechform sehr nahe.
Beispiele aus dem Buch "Plattdüütsch läwt" von Dr. K. Fissen : "Wie oft lesen und hören wir Sätze mit

anheimfallen,
es dahingestellt sein lassen
in Erscheinung treten,
eine Frage anschneiden,
sich einer Prüfung unterziehen,
einer Sache Rechnung tragen,
in Wegfall kommen,
unter Beweis stellen usw."

Ist es nicht oft leeres Wortgeklingel ?
Dieses Papierdeutsch ist unserer plattdeutschen Sprache wesensfremd. Dort heißt es für:

Ich stelle anheim.	Wenn du wullt.
Ich lasse es dahingestellt sein.	Kann wesen.
Wir tragen der neuen Zeit Rechnung	Wi passt us de nee'e Tiet an
Sie haben den Kanalbau in Angriff genommen.	Se hebbt anfungen, un boot den Kanaal.

Ich habe mich diesbezüglich nicht geäußert.	Dar hebb ik nix von seggt.

Satzverbindungen - besser als Satzgefüge
Das Satzgefüge "Wi hebbt höört, dat de Maiboom klaut woorn is." besteht aus dem Hauptsatz und dem untergeordneten Nebensatz. Im Plattdeutschen wird das sinngemäße Verhältnis der beiden Sätze zueinander meistens nicht äußerlich angedeutet, oder es geht aus der mündlichen Betonung des Sprechenden hervor.Es heißt dann kurz : "Wi hebbt höört, de Maiboom is klaut woorn."
Die natürliche Kürze der plattdeutschen Sprache stellen wir auch in manchen Sprichwörtern fest, in denen zwei Sätze im begründenden (kausalen) Verhältnis zueinander stehen. Der eine Satz enthält eine Aussage und der andere die Begründung. Das zugehörige Bindewort "weil" oder "denn" wird nicht gesetzt.

Beispiele von Dr. Fissen :
De Katt , de lett dat Musen nich, Aart lett nich van Aart.
Hand van'n Sack, de Haver is verkofft.
Hol di an'n Tuun, de Himmel is hooch !
Ulen geeft Ulen, dat is so as de Saat.

Im Mittelniederdeutschen wurde in gleicher Weise formuliert:
Man sal sik nich to groot holden, man weet nich wat noch kamen kann.

Die gleiche Kürze bemerken wir in Folgesätzen (Konsekutivsätzen).Das hochdeutsche "so daß" kennt das Plattdeutsche nicht. "Er arbeitete Tag und Nacht, so daß er krank wurde" ist plattdeutsch nur : "He arbeide Dag un Nach. Nu is he krank."
Gelegentlich wird die Folge mit "dat" ausgedrückt.
He snackt so liesen, dat ik em nich verstah.
Ik bün so dick woorn, dat mi nix mehr passt.
Aber auch hier geht's noch kürzer : "Ik bün so dick woorn, mi passt nix mehr."
Zum Ausdruck von Absicht und Zweck (Finalsätze) stehen die Gedanken ebenfalls entweder in Hauptsätzen unverbunden nebeneinander, oder man setzt das einfache "dat".
Das hochdeutsche Bindewort "damit" gibt es im Plattdeutschen nicht."Darmit" wird nur als Pronominaladverb benutzt :
He harr veel Bagaasch bi sik. Dar stund he mit up'n Bahnhoff.
He stellde de Hark bisiet. Dar schull nüms över falln.
Maak to, dat wi noch vör'n Düüsterweern trechtkaamt !
Auch die Anbindung eines Nebensatzes mit "um...zu" kommt im Plattdeutschen selten oder gar nicht vor.
Er fuhr zum Bahnhof, um seine Frau abzuholen.
lautet auf plattdeutsch:
He föhrde na'n Bahnhoff.He wull siene Fro afhalen.
Kurze, klare Hauptsätze werden bevorzugt.

Stilvergleiche

In der Nacht schlichen Jungen aus dem Nachbardorf heran, um den Maibaum zu stehlen.	In 'e Nacht sleken Jungs ut'n Naverdorp herto. Se wulln den Maiboom klaun.
Alle Leute waren gekommen, um die Tanzgruppe anzuschauen.	All Lü weern kamen. Se wulln dat Danzkoppel sehn
In einigen Dörfern, in denen das Maibaumsetzen nicht , Brauch ist,werden Pfingstbäume aufgestellt.	In wecke Dörpen is dat Maiboomsetten nich Bruuk. Dar weert Pingsterbööm upstellt.
Am Nachmittag des ersten	An'n Namiddag van'n eer-

Pfingsttages ziehen die Jungen von Haus zu Haus, um die Pfingstbäume zu zu begießen	sten Pingstdag treckt de Jungs van Huus to Huus. Se wüllt de Pingsterbööm begeten.
Nikolaus streichelt die Angsthasen, damit sie sich nicht zu sehr vor ihm fürchten.	Sünnerklaas straakt de Bangbüxen.Se schöllt nien Angst vör em hebben.
Neujahrskuchen sind Wickelkuchen, die auf einem Waffeleisen gebacken und im heißen Zustand aufgerollt werden.	Neejahrskoken, dat sünd Krüllkoken. De weert up'n Waffeliesen backt. Wenn se noch heet sünd, weert se krüllt.

Treffende Zeitwörter besser als komplizierte Satzstrukturen

Die wichtigsten Satzgestalter im Plattdeutschen sind die Zeitwörter (Verben). Auf die Wahl treffender Zeitwörter wird größerer Wert gelegt als auf die Struktur eines Satzes. Häufig werden dadurch erklärende Beifügungen überflüssig.
Der Schatz an plattdeutschen Verben ist sehr groß. Für fast jedes Verb gibt es zahlreiche andere, die sich in ihrer Bedeutung mehr oder weniger unterscheiden. Besonders beliebt sind die klangnachahmenden Zeitwörter. Sie sind oft so anschaulich, daß sie deswegen in die Hochsprache aufgenommen wurden.

Wortfelder

Hochdeutsch	Plattdeutsch
lachen	lachen,grienen, smuustern, gnickern, bölken, hucheln, pruusten, gackeln
weinen	wenen, blaren, hulen, jaulen, snuckern, plinsen, jalpen,
schlagen	slaan, dollschen, tickern, klapsen, haun, knuffen, buffen, puckern, rumsen vertobacken, kloppen
reden	reden, snacken, spreken, sabbeln, proten,klönen, klookschieten,tünen, futern
gehen	gahn, pedden, tufeln, holschen,drömeln, stökeln, klabastern, stappen, schesen
regnen	regen, pladdern, smuddeln, nieseln, fisseln, pulschen, gasseln, drüppeln
arbeiten	arbeiden, warkeln, klütern, wurachen, knojen, puckeln, pusseln, pütjern, murksen, schirrwarken, afschinnen
essen	eten, spiesen, schepeln, sluken, rinhaun, vertehren, wat in't Lief slaan, slingen, snabbeln, öörden, snopen, tolangen, fuddern.

Schildern - Bildliche Ausdrücke

Das Plattdeutsche hat eine ausgeprägte Vorliebe für das "Schildern".Die ursprüngliche Bedeutung des niederdeutsch/niederländischen Wortes "schildern" ist "malen und ausmalen". Im Holländischen hat "schildern" auch heute noch die Bedeutung von "malen". Ein "schilder" ist ein "Maler", und eine "schilderij" ist ein Gemälde.
Die folgenden Beispiele sind nur eine kleine Auswahl aus dem großen Schatz plattdeutscher "Schildereien".

traurig sein	den Kopp hangen laten, de Flunken hangen en wehleidig Gesicht maken, bedrüppelt wesen
verdrießlich sein	de Fliep hangen laten, suurpottsch wesen, muulsch wesen
vergnügt sein	sik een in de Fuust lachen,sik'n Knütt in'n Buuk lachen, ganz ut de Tüüt wesen
hochmütig sein	sik in de Bost smieten,över lütje Lü weg-kieken,sik bannig breet maken
leichtsinnig sein	över de Sträng haun, achter de Ohren noch nich dröög wesen
aufdringlich sein	nie nich genoog kriegen, nix anbrennen laten nix ut de Nääs gahn laten, överall mitten-mang wesen
neugierig sein	sien Nääs allerwegens rinsteken, överall wat rumsnüffeln, dat Kalf van de Koh fragen
schlau sein	dick achter de Ohren hebben, wat up'n Kasten hebben, överall Bescheed weten.
dumm sein	nich bit dree tellen könen,
geizig sein	den Dumen up'n Büdel hebben, up't Geld sitten,
faul sein	sik mit de Arbeit vertürnen, sien egen Sweet nich rüken mögen, so loi as een Steen in'n Weg wesen.

Auch für zahlreiche andere Eigenschaftswörter gibt es feine Abstufungen und lautmalerische Steigerungen.

alt	steenoolt, hooch in de Jahren, ut de ole Schuuflaad, gammelig
schlecht	quaat, elend, leeg, leep, asig, noor, schetterig,lusig, biester
kräftig	kräsig, stevig, deftig, dannig, drall, deegt (ä),
schwach	swack, flau, spuchtig,slapp, klöterig, klapperig,
runzelig	krückelig, schrumpelig,kruus, rubbelig, knubberig
verrückt	mall, verdreiht, dwatsch, dull, dösig,, scheef wickelt, van'n Verstand af, nich ganz bi Groschen, enen up'n Böön hebben
schnell	gau, flink, drievens, geswinn dra, kotthannig, in'n Suus, in'n Snuppdiwupp,

Upgaven to Lex sessteihn
1.) Fragen

Ut wecke Frucht hebbt de Stegerlänners ehr Beer broot ?

Wor kummt dat Woort "Oosterhaas" her ?

Wat taagt de Jungs för't Oosterfüür tohoop ?

Wo heet dat Oosterfüür in Freesland ?

Wat maakt de Deerns mit Katüffeln bi't Oosterfüür ?

Wat hangt baben an'n Maiboom ?

Worum mutt bi den Maiboom een Wacht upstellt weern ?

Wat gifft't an'n Ooltjahrsavend to eten un to drinken ?

2) Segg is eben up platt !

Paß auf, daß du nicht auf die Ostereier trittst !

Das Osterfeuer ist abgebrannt.

Nun schmoren die Kartoffeln in der Glut.

Am Abend vor dem Maifeiertag wird der Maibaum gesetzt.

Pfingsten machen wir eine Radtour zum Mühlenteich.

In der Kirche hängt ein schöner Erntekranz.

Nikolaus streichelt die kleinen Angsthasen.

Der Weihnachtsmann reitet auf einem Schimmel.

Um zwölf Uhr läuten die Glocken.

Wat ward dr mit maakt ?		**Passiv/Leideform**
Dat Beer ward	____________	Das Mittelwort
De Gassen ward	____________	ist einzusetzen .
De Eier weert	____________	
Dat Paaskfüür ward	____________	
Bambeusjes weert in'n Pann	____________	

Stimmt dat oder stimmt dat nich ?

	ankrüzen ! ja - nä
Fastelavend fallt ümmer up enen Dingsdag	___ ___
In Freesland heet dat Oosterfüür Paaskfüür.	___ ___
De Maiboom ward to Pingsten upstellt.	___ ___
De Sünnerklaas kummt an'n eersten Advent.	___ ___
De Wiehnachtsmann ritt up'n Schimmel.	___ ___
Wiehnachen is de korteste Dag in't Jahr.	___ ___

Lex achteihn 18

Wenn de Wind weiht över Kluten

All över 400 Jahr ward in de Masch an de Nordseeküst twüschen Nedderland un Sleswig-Holsteen een Wintersport bedreven, de nöömt sik Klootscheten.
So dra as de Grund fastfroren is, fangt de Jungkeerls dar mit an. Se bruukt dar enen Kloot to. Dat is 'ne gladde Kugel ut Pockholt, nich ganz so groot as 'n Tennisball. Akraat 475 Gramm mutt de Kloot wegen, un darum hett he dree Bohrlöcker, de mit Blee utgaten sünd. Dat Klootscheterspill gifft't in twee Aarten; eenmal as Standsmieten un eenmal as Wettspill övert't Feld. Bi't Standsmieten mööt all Smieters van een un desülwige Stä afsmieten. Well den Kloot an'n wietsten smitt, de is de Winner. Bi'n Feldstriet mööt de beiden Partein ene Streek van 6 km dörsmieten, un de Partei, de dr de wenigsten Schööt för bruukt, hett den Wettstriet wunnen.
An de Stä, wor afsmeten ward, stellt de Hölpers een schraat Sprungbrett up, un de Mattendrägers leggt darvör de Matten ut. So wat bi 25 m is de Anloop lang.
De Smieter tredd an in Hemd un Büx. He maakt siene Fingers mit Water 'n beten fuchtig un deit dar 'n Spier Kried to. So kann he den Kloot mi de eersten dree Fingers fast in'n Griff kriegen un seker afsmieten. Up Strümp nimmt he denn sienen Anloop över de Matt bit up't Sprungbrett. Bi de lesten Trä swingt he mit'n Arm 'n paarmal rum un lett den Kloot susen. De Bahnwieser hett dar , wor de Kloot henfallen schall, 'ne Fahn upstellt. Dar is fasten Grund, un dar sünd nien Winnewurpsbulten dichtebi. De Tokiekers roopt den Smieter to : "Lüch up un fleu herut !" An dat Sprungbrett staht de Möters praat. Se passt up, wo de Smieter mit sienen Afsprung trechtkummt, un wenn he fallt, denn fangt se em up. He schall sik jo up de froren Grund nich de Knaken breken un amenn utsetten möten för dat Spill. Wenn de Kloot darhen flücht, wor de Fahn steiht, denn trüllt he noch 'n orig Stück fudder. Up godet Trüllen kummt't jüst so an as up den Weg dör de Lucht.
Een Smeet (ä) ward rekent bit darhen, wor de Kloot liggen blifft. Dat is de ganze Schööt. Gode Smieters köönt den Kloot an de 100 Meter wiet flüchten un noch maal soveel trüllen laten.
De enkelte Schööt ward genau afmeten. Dat maakt de Afmeters. Se hebbt dat faken nich licht. De Käklers un Mäklers, dat sünd wecke van de Tokiekers, passtt hellsch up, dat allens mit rechten Dingen togeiht. Wenn na ehr Menen nicht akraat meten woorn is, denn gifft dat 'ne upgereegte Käkelee.
Spektakel gifft't aver ok na jeden goden Schööt. Denn haut de Lü mit ehre Stöcker an de Fahnstang van ehren Bahnwieser un freut sik as dull. So geiht dat Klootscheten alltiets mit veel Pohee vör sik.
Well sik verpuusten will, de socht na den Keerl mit den lütjen Aben, wor he Grog up trechtbroen kann. He bütt ok "Heet un Sööt" an, dat is 'n heet Dünnbeer mit Sucker. Dar kummt 'n Stück Stangenkaneel rin, denn hett dat den rechten Smack.
So'n Wettspill duurt faken van's morgens Klock negen bit 's namiddags Klock fief. Meisttiets ward't to'n Enne hen noch bannig luut un kriddelig, besunners denn, wenn de beiden Koppels liekerveel Schööt maakt hefft. Denn kummt dat mitunner up den lesten Schööt an.
Na den Wettstriet geiht in'n Dorpkroog dat Fiern loos . Dar weert denn all de goden un mallöörten Schööt noch maal besnackt un begaten. De Vörsitters hoolt moje Reden. Se striekt de düchdigen Smieters herut, bedankt sik bi all de Hölpers, un ok för de Gegenpartei hebbt se ümmer 'n paar gode Wöör mit up'n Weg to geven. Dar ward nix anners snackt as Platt, versteiht sok. Ümmer wedder heet dat "Lüch up un fleu herut !" Wat dat to bedüden hett, weet't se all, aver klipp un klaar kann 'n dat nich in Hooch översetten. Bi't Smieten schall dat soveel heten as "Smiet den Kloot man flach un mit'n origen Swung herut!" Un bi't Drinken is dat 'n Toast up den Klootschetersport, up de Gäst, up de Gastgevers un allens, wat dr so tohöört.
Twüschendör stimmt de een oder de anner dat Klootscheterleed an. Dat geiht loos mit:
" Wenn de Wind weiht över Kluten un to Ies dat Water früst..."

Woortverklaarn

Aben	Ofen	Möter	Entgegenkommer
broen	brauen	Pohee	Lärm,Aufheben
Bulten	Haufen	rutstrieken	loben
enkelt	einzeln	Schööt	Schüsse
fleu	flach,flott	schraat	schräg
flüchten	weit werfen	Smeet (ä)	Wurf
fuchtig	feucht	Smack	Geschmack
fudder	weiter	so dra as	so bald wie
Käkelee	Streiterei	Spier,een	etwas
käkeln	zanken,streiten	Streek (ä)	Strecke
Kluten	Klumpen, Scholle	trüllen	kollern
kriddelig	spannend	utgaten	ausgegossen
liekerveel	gleichviel	Wettstriet	Wettstreit
lüch (lüüch)	leicht,flach	Winnewurp	Maulwurf
mäkeln	kritisieren		

Doppelte Verneinung
und andere Verstärkungen

Im Hochdeutschen kommen doppelte Verneinungen höchst selten vor, im Französischen und Spanischen dagegen ebenso häufig wie im Plattdeutschen. Sinngemäß sagen der Franzose und der Spanier: "Ich kann nie nicht ruhig schlafen" oder "Ich habe niemanden nicht gesehen." Für hochdeutsche Ohren klingen solche Doppel-Verneinungen so, als ob damit das Gegenteil ausgedrückt werden sollte. Im Französischen, Spanischen und Plattdeutschen sollen damit -ganz im Gegenteil- das "Nein" oder "Kein" verstärkt werden

Beispiele :

Klootscheten ward nie nich in'n Sommer speelt.
De Mattendrägers hebbt nix nich to seggen.
An een Maatband hett nüms nich dacht.
För Fahnenstangen ward dit Jahr kien Geld nich utgeven.
Wat de Baas weer, de harr dr kien Ahnen nich van.
Hett denn kien Minsch miene Schoh nich sehn ?
Klock fief weer nien Minsch nich mehr to sehn.

Die doppelte Verneinung kann auch durch Hinzufügen eines Nachsatzes ausgedrückt werden. Dabei benutzt man gern sogenannte Alliterationen (zwei Wörter mit gleichen Anfangsbuchstaben) oder Reimwörter.

Beispiele :

In ehre Kööк weer nix to finnen, nich Pott un nich Pann.
He hett den ganzen Dag nix seggt, nich Piep un nich Papp.
De junge Buur hett nix nich to melln, nich Hü un nich Hott.
Dat Land is schra, dar wasst nien Heu nich un nien Haver.
Ik heff den ganzen Dag nix hatt, nich natt of dröög.

Bejahende Verstärkungen :

Nicht nur Verneinungen, sondern auch andere Aussagen können durch Wiederholungen am Satzende verstärkt werden.

Ik will di man seggen, dat is dumm Tüüg, is dat.
Dat is jo nich to glöven ,is dat jo nich.
Du weest dr nix van, weest du nich
Dat harr'k mi nich dacht, harr'k mi nich.
Du büst veel to bang, büst du.

Die Verstärkung kann auch durch Wiederholung eines Wortes oder Satzteiles mitten im Satz erreicht werden.

Wi luurden up em, man he keem un keem nich
Se weer krank, aver se wull un wull nich na'n Dokter gahn.
Wi harrn jeden Dag Regen un jeden Dag Regen.

Upgaven to Lex achteihn:

1. Fragen beantwoorden

Wo lang is dat Klootscheten al bekannt ?

Wennehr ward dat Klootscheten speelt ?

Woveel Gramm weggt de Kloot ?

Wecke Partei winnt bi'n Wettstriet över't Feld.?

Wecke Hülpslü sünd bi't Klootscheten ümmer darbi ?

Well maakt ümmer veel Pohee ?

Wo wiet kann 'n goden Smieter flüchten ?

Wat roopt de Tokiekers de Smieters to ?

Wo fangt dat Klootscheterleed an ?

2. Segg is eben up platt

Die Ostfriesen haben viele gute Werfer.

Der Kloot ist mit Blei ausgegossen.

Der Bahnweiser gibt die Richtung an.

Dort darf kein Maulwurfshügel sein.

Nach jedem guten Wurf gibt es ein großes Spektakel.

Manchmal mißlingt auch ein Wurf.

Nach dem Wettkampf wird im Dorfkrug gefeiert.

Die guten Werfer werden gelobt.

3.) Übersetze und benutze Verstärkungsformen !

Er hat den ganzen Abend nichts getrunken.

Ich bin ihm nichts schuldig.

Dafür habe ich kein Geld übrig..

Das geht dich nichts an .

Davon habe ich noch nichts gehört

Die Wache hat niemanden gesehen.

Ihr habt nicht gut aufgepaßt (habt ihr nicht)

Das ist schändlich (ist das)

Das ist nicht deine Angelegenheit(Saak) (ist das nicht)

Der Nikolaus wollte (und wollte) nicht kommen.

Der Angsthase weinte (und weinte),bis seine Mutter kam.

Schrief is eben !

werfen __________ *tragen* __________ *schießen* __________ *wehen* __________

Eis __________ *Wasser* __________ *Schnee* __________ *Krug* __________

tüchtig __________ *feiern* __________ *besprechen* __________

Lex negenteihn 19

Graaf Anton Günther un Ludwig Münstermann

Ut de plattdüütsche "Stedinger Chronik" van Heinrich Vollers (1583-1656) weet wi, dat de Altaar in de Berner Kark in de Jahren 1637/38 upstellt woorn is. Vollers weer Karkenvörstahner, Organist un Rekensmann in de Berner Gemeen , un wenn wi vandagen in dat Reknungsbook van 1638 nalesen kööntt: "434 Rieksdaler an Meister Münstermann", denn seggt us dat mehr as de Notiz in siene Chronik. 434 Rieksdaler, dat weer domaals veel Geld. En Stücker wat achzig fette Ossen gullen um de Tiet jüst so veel. Wat us vandagen aver mehr as de Pries intresseert, dat is Vollers' Bemarken över dat, well dat Geld kregen hett. Meister Ludwig Münstermann "van Hambroch" weer de Bildhauer, de den Berner Altaar boot un snittst hett. He weer domaals al beröömt, aver vandagen kaamt wi dr eerst achter, wo flietig he hier in'n Ollnborgern Lannen arbeit hett un wat för'n groden Künstler he weer.

1637, dat weer jo midden in'n Dartigjahrigen Krieg, un wi weet' doch all, dat in de düütschen Lannen allens wrack un daal leeg.Ganze Dörpen weern afbrennt un ganze Städer weern verwööst. Dat Volk harr nix to eten un anners nix in'n Kopp, as dat naakte Leven to redden.In de Graafschuppen Ollnborg un Delmenhorst seeg dat nich ganz so slimm ut. Vollers schreef 1623 : "Tilly steiht mit dusend Mann tho Ross un tho Vothe beth tho de Wardenborch. De Graafschup Delmenhorst is in grode Gefahr. In Delmenhorst sünd 100 Mann inquarteert, un de Stedingers mööt ehr mit 1 Rieksdaler wekentlik besolden. Dat sünd tosamen 4400 Daler."

Man disse Geldschattung - so nöömde Vollers dat - weer jo nix, wenn 'n dat verglickt mit dat Elend in anner düütsche Rebetten. Dat dat Ollnborger Land dar so goot van afkeem, dat harr't sienen Landsherrn, den Graaf Anton Günther, to verdanken. He keem den Generaal Tilly bi Wardenborg in'e Mööt un besnackde em, he schull mit sien Kriegsvolk nich na Ollnborg wietertrecken, denn wull he em Rietpeer un Ossen schenken. As Tilly dat noch nich noog weer, do bood he em ok nach baar Geld an. He wuss, wo 'n de barbaarschen Kriegsheeren an'n besten mit rumkriegen kunn.

Aver dat kunn jo nich ümmer so wietergahn, un darum versoch Anton Günther dat laterhen mit Butenpolitik. He kreeg dat klaar, dat de Kaiser un de Sweden em enen Breef upschreven, wor instund, dat Ollnborg neutraal weer un nüms dar wat to söken harr.

Well weer disse Graaf Anton Günther ?

As jungen Keerl harr he Itaaljen kennenlehrt un weer dar mit beröömde Künstlers tosamenkamen. 'n Tietlang hult he sik ok in Prag an'n Hoff van Kaiser Rudolf up. Prag weer domaals eene van de gröttsten düütschen Städer, un dar levden vele Künstlers. Um 1600 arbeiden dar de Malers un Bildhauers , de sik Maneeristen nöömden.

Maneerismus, dat weer de Kunst in de Tiet van 1560 bit 1630. Dat Vörbild van disse Künstlers weer de grode Michelangelo. Se versochen all, na siene Maneer to arbeiden. Vele keken ehr darum minnachtig an. Aver dat schull sik bold ännern. De Maneeristen funnen ehren egen "Stil". Ehr Richt weer nich mehr desülve as de van Michelangelo un annere Renaissance-Künstlers. Wat se tostannenbrochen, weer allens so'n beten utfulln un afsunnerlich. De Tiet weer domaals twee-luchtig. De Minschen weern hen un herreten. Se verstunnen de nee'e Welt noch nich.Middeloller un Neetiet, Hell un Dunkel, Övergloov un Vernunft, Angst un Tovertroon, Sünn und Erlösen, dar weern luter Saken, de se nich tohoopkriegen kunnen, un jüst socke Gedanken wulln de Maneeristen in ehre Kunstwarken unnerbringen.

Graaf Anton Günther lehrde in Prag enen van de Maneeristen kennen. Guiseppe Arcimboldi hede de. Den bewunner he an'n meisten.
1603 keem de Reisen trügg na Ollnborg. Sien Vadder weer sturwen, un nu muss he dat Leit in siene Hannen nehmen. De ole Graaf harr sik vörnahmen, dat Slott umboon to laten, un Anton Günther gung nu mit'n groot Vermaak an disse Upgaaf ran. In Itaaljen harr he sehn, wo'n fürstlich Huus boot un inricht weern muss. He funn düchtige Handwarkers un Künstlers,de allens so henkregen,as he dat hebben wull.
Bi de Arbeiden full em de Bildhauer Ludwig Münsteramnn up. He seeg foors, dat de mehr as vele annere wat van Kunst verstund. Wat em besunners an Münstermann gefull, dat weren de Figuren, de he maakde. Se harrn lütje Köpp, stunnen nich so stief dar, un mit ehre Gebäärn drückden se ümmer wat ut. So harr de Graaf dat bi Arcimboldi sehn, un so wull he dat in sien Slott ok hebben.
As dat Slott fardig weer, sorgde Anton Günther darför, dat Münstermann nee'e Updrääg kreeg. He weer jo sülfst Bischop in siene Graafschup, un so kuun he ok mal'n Woort mitsnacken, wenn dat um Karkenreinefeern gung.
1606 stellde Münstermann den Altaar in de Kark to Atens up, 1612 snittsde he de Kanzel för de Kark in Raastä.Von 1614 bit 1618 leet Anton Günther de Slottkark in Varel nee inrichten, un woller kreeg Münstermann den Updrag för den Altaar. 1619 kreeg de Kark in Olenesch/Süderbrook 'ne nee'e Kanzel von em, un so gung dat stadig wieter. In vele Ollnborger Dorpskarken staht bit vandagen de Altare, Kanzeln, Dööpbacken un Epitaffen van Münstermann.Wat disse Künstler hier in de Tiet, as annerwegens allens tonicht maakt woor, wat de domaals tostannen brocht hett, dat is ganz hoge Kunst. Dat is dat Beste, wat van den Maneerismus in Noorddüütschland vörtowiesen is.An all de Altare un Kanzeln köönt de Kunstverstännigen un Theologen wat aflesen, dat hett wat mit'n besunnere theologische Richt in de domalige Tiet to doon. Disse Lehrmenen gung ut van de Universität Helmstedt . Wo dat keem, dat de jüst in Ollnborg fasten Foot faat' harr, is licht ruttokriegen. De Superintendent Schlüter, de domaals in de Ollnborger Karken dat Seggen harr, de harr in Helmstedt studeert, un in all de Karken, wor Münstermann siene Updrääg kreeg, dar weern Pastoren, de jüst as ehr Superintendent van Helmstedt kemen.
Pastor un Magister Jacob Neymeyer keem 1630 na Berne. He weer ok een van de Helmstedters. As he dat spitz kreeg, dat de Stegerlanners trutz den Krieg veel Geld tohoopspaart harrn un willens weren, för ehre Kark wat uttodoon, do sloog he ehr vör ,se schullen sik man ok'n neen Altaar van Meister Münstermann maken laten.
Münstermann weer to de Tiet jüst in Blexen un in Holle togangen. Sien "Maneer" harr sik in de verleden dartig Jahr all'n beten wannelt, aver dat theologische Konzept weer noch ümmer datsülvige. Eensdaags laden Pastor Neymeyer un de Karkenvörstahners em in na Berne. Se wulln mit em ehren Plaan för'n neen Altaar verhackstücken.
Münstermann weer hellsch andaan van dat helle un fründliche Karkengeböde in Berne. Sowat harr he in de ganze Graafschup Ollnborg noch nie nich to sehn kregen. Dat keem den Pastor un de Vörstahners goot topass. So kunnen se em dat lichter bipulen, dat se nich so düüstere un geheemnisvulle Figuren in ehre Kark hebben wulln, as se de in enkelte annere Karken sehn harrn. Münstermann hett sik schiens darup inlaten. Dat kann aver ok angahn, dat he van sik ut al vörher dat Verlangen harr, een anner Richt intoslaan.
As se nu in de Kark all den Kleenkraam besnacken wulln, leet de Meister sik'n Stellaasch in'n Chor upstelln. Dar steeg he rup un tekende an de Wand, wo he sik dat Retabel vörstellen de. Laterhen is de Teeknung överwitschert woorn, aver as de Wand 1980 düchtig afwuschen woor, do keem se woller to'n Vörschien.

So as 'n vandagen sehn kann, hett Münstermann sien Wark jüst so utföhrt, as he dat den Vörstand mit siene Teeknung vörslaan hett. Of de ole Meister sülven noch veel bi de Arbeiden mitmaakt hett, dat weet nüms nich genau. Dat kann angahn, dat he bloots enkelte Figuren in siene Hamborger Warkstä snittst hett. Dat meiste hebbt woll siene beiden Söhns Johann un Klaus un sien Hülpsmann Dierk Onnen maakt. De dree harrn al anner Ideen un Grappen in ehr Köpp. Ehre Figuren laat anners as de in Raastä un Varel, un ok de Farven sünd nich ganz so grell as dat bi de Maneeristen vörher begäng weer. Eens aver is wiss, de theologische Utsaag is narns düütlicher as in Berne.
De Berner Gemeen weer mit ehren neen Altar best tofreden, un darum geven se een Jahr later ok 'ne nee'e Kanzel bi Münstermann in Updragg. Of de Ole dar noch mit bi wesen is, kann nüms nich seggen. He is 1638 sturven, un de Kanzel is eerst 1639 levert woorn.
Wat ik nevenbi noch anmarken much ,is dit : De ole Berner Kanzel weer eerst 'n paar Jahr vörher reinefeert woorn, aver Vollers hett in siene Chronik vergeten,us dat uptoschrieven, wo se afbleven is. Mi freut dat, dat ik dat nu rutkregen heff . Se is domaals na Sudwalde bi Bassum verkofft woorn. Dor steiht se vandagen noch, un se gellt as 'ne historische Raarität.

Woortverklaarn

barbaarsch	barbarisch	bilangs	nebenbei
beden, bood	bieten, bot	bipulen	beibringen
begäng	üblich, gebräuchlich	Gebäärn	Gebärden
besnacken	überreden	Gemeen	Gemeinde
Grappen	seltsame Einfälle	levern	liefern
Lehrmenen	Lehrmeinung	Leit	Leitung,Herrschaft
minnachtig	geringschätzig	Rebett	Gebiet
reinefeeren	renovieren	rumkriegen	umstimmen
schiens	scheinbar	Städer	Städte
stadig	stetig, ständig	Sünn	Sünde
tweeluchtig	zwielichtig	verglieken	vergleichen
verwööst	verwüstet	wrack und daal	zerstört

Begrenzte Ausdrucksmöglichkeiten ?

Häufig wird die Meinung vertreten, die plattdeutsche Sprache tauge nur zum Scherzen und zum Schimpfen, ernsthafte und komplizierte Sachverhalte seien mit ihr nicht darzustellen. Zugegeben: wissenschaftliche und philosophische Gespräche ließen sich auf platt nicht führen. Aber das haben Plattdeutsch und die hochdeutsche Umgangssprache miteinander gemeinsam. In der hochdeutschen Umgangssprache fällt der Mangel an wissenschaftlichen Begriffen und Fachausdrücken nur nicht so auf, weil hier die Grenzen fließend sind. Zwischen Plattdeutsch und Fachhochdeutsch verläuft dagegen eine scharfe Grenze.Jede Grenzüberschreitung wird im Gesprächskreis sofort registriert und führt dann zu der Meinung, die Ausdrucksmöglichkeiten seien nun mal begrenzt.
Der plattdeutsche Aufsatz über Graf Anton Günther und Ludwig Münstermann sollte aufzeigen, daß Plattdeutsch doch zu mehr als nur zum Scherzen und Schimpfen geeignet ist. Allerdings werden Sie bemerkt haben, daß es auch hier an einigen Stellen zu sogenannten Grenzüberschreitungen gekommen ist, zum Beispiel beim Wort "Stil", für das es keine plattdeutsche Übersetzung gibt. An einer Stelle steht dafür "Maneer" , aber auch dieses dem Plattdeutschen angeglichene Fremdwort hat nicht die gleiche Bedeutung wie das Lehnwort "Stil" . Obwohl das Lehnwort "Stil" mit "Stiel" (lat. stilus = Pfahl, Griffel, Schreibart) urverwandt ist, kann man es nicht einfach mit "Stääl" ins Plattdeutsche übersetzen.

Lex twintig 20

Wo 'n de plattdüütsch Spraak indelen deit

Van Heinrich Diers (1894 -1980)

Dat gifft kien e e n groot plattdüütsch Spraak. Nä, dar steiht Tungenslag gegen Tungenslag. In Ostfreesland "proten", in Nordollnborg "snackt", in Südollnborg "kürt" de Lü. Hier seggt 'n van "Deern", dar van "Wicht" un an drütte Stä gar van "Fohn".
In Westfalen heet dat : "De Kiärl is'n lück däörlick"; annerwägens seggt 'n : "De Keerl is'n beten dösig".
Ja, wenn 'n van dar man'n Stunn Gahns wiedergeiht, denn is de Tungenslag faken al heel anners. Dar kunn nu een menen, dör so'n Kuddelmuddel kunn kien Swien mehr dörfinnen. Un doch is dr Richt un Regel in.
Dat grode Flagg van de plattdüütsch Spraak, wat sik "van Pommern bet Nedderland" spannt, is sinnig wussen. In de ole Tiet (bet 1250) wurd "Nedderdüütsch", as 'n do sä, bloot in'n Westen van de Elv snackt. Up guntsiet seten jo de Slaven. As denn Hinnerk de Lööv un anner anfungen, na "Ostland" to rieden, do brochen de Kooplü mit är Waren un de Buren mit ärn Ploog ok de nedderdüütsch Spraak na'n Osten. Un so gifft't denn:

1. dat plattdüütsche Stammrebett in'n Westen van de Elv
2. dat plattdüütsche Kolonialrebett in'n Osten van de Elv.

To dat Stammrebett tellt Westfalen,Lippe, Waldeck, Hannover, Ostfreesland,Ollnborg, Bremen, Hamborg, Schleswig-Holstein un Brunswik.
(Anmarken:1. Oostfreesland is eers laterhen van Freesch na Platt övergahn. 2. Ostholsteen höört to dat Rebett Nummer 2)
In dit grod Flagg steiht woller Tungenslag gegen Tungenslag. Man wenn't ok noch so bunt lett, dar is doch so'n Aart Regel bi.
De grode Boom hett dree Tacken:

1. dat Westfälsch
2. dat Engersch-Ostfälsch,
3. dat Nordneddersassisch

Dat Westfälsch (wo ok dat Lippsche Land tohöört un wo us Südollnborger so'n lütten Sprenkel afkregen hefft) hett de "braken Klingers". Dat bedütt, dat ut de eenfachen Klingers, de't in't Mittelnedderdüütsch geef, twee, ja woll gar dree Klingers wurrn sünd. Ut "Leben" wurd "Liäben", ut "Wege" wurd "Wiäge", ut "Döör" wurd "Düör".
Dat Engersch-Ostfälsch, wat'n in Brunswik, an'n Noordharz, in Osthannover bet Uelzen snacken deit, kann 'n glieks kennen an dat "mik" un "dik" oder "mek" un "dek" statt "mi" un "di" un an de afsunnerlichen Vörslagsilben bi Wöör as "gewesen" = "ewesen", wo de annern Plattdüütschen bloot "wäsen" seggt..
Dat Nordneddersassisch ward snackt van Nordhannover bet rup na de dänsche Grenz, also ok bi us in't Nord-Ollnboger Land. Hier giff't överall bloot de eenfachen Klingers (nich braken as in Westfalen). Darto sünd de Wöör meist korthannig: "Sünn" un nich "Sünne", "Katt" un nich "Katte".
Dat Kolonialrebett is'n Aflegger van de dree Spraaktacken. In Brandenborg un in'n Deel van de fröher Provinz Sachsen hett dat Engersch-Ostfälisch dat Seggen.Dar seggt'n darum van "mik" un "dik" un "ewäsen". Anners aver hööɾt'n meist dat Noordneddersassisch, so in Meckelborg, in't Bördeland, in Pommern, ja (fröher) sülvst in West- un Ostpreußen.
Wenn ji'n frömden Tungenslag van us leev Platt hört, denn fangt nich an to lachen (as vele dat doot), nä, denn lüstert nipp to, of ji't nich rutkriegt, to wecken groden Tacken van't

Nedderdüütsch dat tohören deit. Mi dunkt, dat is moi, dat us Spraak in so vele Klören blänkert. Ok Fritz Reuter harr dr sien Vermaak an. He hett ok dat ganze wiede Flagg in'n Sinn, wenn he van us Spraak as van "enen Eikboom an de See " singt. Magg't Gott gäven, dat he recht hett, wenn he van dissen Eekboom seggt: "He ward noch stahn, wenn wedder mal dusend van Jahrn vergahn."

Anmerkung :

Der vorstehende Artikel wurde im "Plattdüütschen Klenner 1955" veröffentlicht.

Woortverklaarn

Aflegger	Ableger	Klinger	Selbstlaut
as 'n	wie man	küren	sprechen
Deern	Mädchen	lett	aussieht
dösig	dumm	lustern	lauschen
dunken	dünken	proten	sprechen
Flagg	Fläche, Gebiet	Sprenkel	Farbtupfer
Fohn	Mädchen	Tungenslag	Mundart
glieks	sofort	Vermaak	Wohlgefalle
guntsiet	jensiets	Wicht	Mädchen

Eigenschaftswörter, die man sich merken muß

(kursiv gedruckt)

A	Wi sünd *aarig* natt woren.	gehörig , tüchtig
B	Vannacht hett't *bannig* froren	heftig
D	En *deegten* Keerl kann allens	tüchtig
E	De *eische* Jung will nich hören.	böse, unartig
F	De Deern kickt *flügg* ut'e Ogen	munter
G	Nu aver *gau* in't Bett !	schnell, flink
H	Dat Muurwark is *holl.*	hohl
I	He is'n *iesern* Hinnerk.	eisenfest
J	De Deern kummt mi so *jüüch* vör.	leichtfertig
K	De Koffee is *klaar.*	fertig
L	Aids is 'ne *leepe* Krankheit	schlimm
M	Ollnborg is 'ne *moje* Stadt	schön
N	Wees nich *neelk* , mien Deern !	albern
O	De *ole (ulle)* Woortverdraier	unbeliebt,(nicht: alt)
P	De Appel is *pööt.*	hat eine Druckstelle
Q	Allto hastig is *quaat.*	schlecht, böse
R	So *rieve* heff ik dat Geld nich.	reichlich
S	Dat Koorn steiht *schra.*	dürftig, kümmerlich
T	He is *ta* to melken.	zäh, gibt nichts ab
U	De Weide is *ungeev* för't Veeh.	unzuträglich
V	He is 'n *vileinigen* Keerl	boshaft
W	Dat schast du *wies* weren.	weise, gewahr
Z	He is *zipp* as'n Frominsch	geziert, empfindlich

Lex eenuntwintig 21

Das Oldenburger Plattdeutsch und seine Mundarten

Im Bereich des ehemaligen Oldenburger Landes sind drei Mundarten zu unterscheiden.
1. Das Nordoldenburgische.
Es wird gesprochen in den Kreisen Oldenburg, Delmenhorst, Ammerland, Wesermarsch sowie in der Friesischen Wehde und in Varel.
2. Das Südoldenburgische.
Es wird gesprochen in den Kreisen Cloppenburg und Vechta.
3. Das Jeversche.
Man spricht es im alten Amt Jever, also im Kreis Friesland mit Ausnahme der Friesischen Wehde und der Stadt Varel.

zu 1) Im Nordoldenburgischen hat sich der Lautstand der alten Hansesprache am treuesten erhalten. Dieses Plattdeutsch kann darum als das reinste Nordniedersächsisch gelten.

zu 2) Das Südoldenburgische nimmt eine Sonderstellung ein. Das "Münsterland" war durch einen breiten Heidegürtel von der alten Grafschaft Oldenburg abgeschlossen und gehörte außerdem bis 1803 zum Bistum Münster. Darum ist es nicht zu verwundern, daß sein Plattdeutsch vom Westfälischen beeinflußt ist. Es neigt zu gebrochenen Vokalen und hat die unbetonten Nachsilben bewahrt.
Zum Beispiel: "Use Jungen lopet in'e Wiske."
statt : " Us Jungs loopt in'e Wisch."
Außerdem unterscheidet sich der Wortschatz von dem des Nordoldenburgischen.
Südoldenburgische Wörter, die im Nordoldenburgischen fehlen oder anders lauten , sind im Anhang des Plattdeutschen Wörterbuches von Hermann Böning verzeichnet.
Beispiele:

Bärwe = Leiter
Durk = Alkoven
Euwer = Wallhecke
frönd = verwandt
Go'ensdag = Mittwoch
Härte = Herz
Iitsken = Kleinigkeit
jollen = heulen
kumpelsant - höflich
quatern = albern, schwatzen
Bessmamme = Großmutter
Enket = Tinte
preuwen = kosten, probieren
resten = rasten, ausrauhen
Mammetüüt = Muttersöhnchen
näterig = mürrisch
Pause = Zeitlang, Weile
flöten = Rahm abnehmen
resten = rasten, ausruhen
Schövels = Schlittschuhe
Tüffelken = Kartoffeln
verquäänt = verkrüppelt
wenner = bald
bittken = bißchen
Brüdigam = Bräutigam
Kerke= Kirche
re'e = bereit, fertig
teuwen warten

zu 3) Das Jeversche ist durch das Ostfriesische beeinflußt worden. Das Jeverland war durch das Schwarze Brack lange von Oldenburg getrennt , gehörte zeitweilig zu den Niederlanden, Frankreich und Rußland und fiel erst 1818 an Oldenburg.
Einige Beispiele aus dem jeverschen Wortschatz :

Loog = Dorf
Maid = Magd
Bigg = Schwein
minen = kaufen
Höftpien = Kopfschmerzen
Spell = Nadel
ollt = alt
kollt = kalt
wi bünt = wir sind
ik sün = ich bin

Zum Schluß sei noch angemerkt, daß sich im Nordwesten des Kreises Cloppenburg, dem Saterland, eine Sprachinsel befand, wo das sogenannte Seltersk gesprochen wurde.
"Selterland, du laist ousleten, fan der Warreld gans forgeten." So sangen die Saterländer in ihrem "Selterleid". Heute ist das Seltersk so gut wie ausgestorben. Die wenigen älteren Saterländer, die das Seltersk noch beherrschen, sind darüber sehr traurig. Ihre Sprache war einst ihr ganzer Stolz, eine Sprache, über deren Herkunft und Eigenartigkeit die Sprachforscher und Eytmologen nicht nur in Deutschland sich ihre Köpfe zerbrachen.

Satzbautafel

Ik snack Wi lehrt Se versteiht	Plattdüütsch Hollandsch Freesch Seltersk	wiel	ik wi se	ut Oostfreesland, Saterland kamen mit'n Hollänner, Ollnborger .... verheiraat wesen in'n .... Theaterstück mitspelen

De Wöör in den veerten Kassen passt nich up jeden Fall un mööt' umwannelt weern. Villicht fallt jo ok noch wat anners in. So as : De japaansche Professor Watanabe snackt Plattdüütsch, wiel he meent, dat weer 'ne aparte un intressante Spraak.

Lex tweeuntwintig 22

Plattdeutsche Dichtungen in verschiedenen Mundarten

1. Westfälisch

Min leiwe aolle Modersprak (van August Wibbelt)

Du bis de ruggen Wiäge gaohen	rugge = rauh
du häs de sure Arbeit daohen	Wiäge = Wege
nu nimm din beste Sunndagskleed	gaohen = gegangen
nu stimm äs an din schönste Leed	häs = hast
Häs lang genog tobuten staohen,	daohen = getan
nu sett di dahl an usen Häd !	äs = is, mal
Du bis den Ährenplatz wull wäd.	Häd = Herd

2. **Meckelborger Platt**

Dat Koffedrinken
ut Fritz Reuters Läuschen un Rimels
(Bis zur Mitte des 19. Jahrhunderts aß man in Mecklenburg auf dem Lande zum Frühstück Suppe. Dann kam der Kaffee auf:)

En annermal kamm Jochen Schmul
Ut Hanschendörp tau Stadt herin.
Oll Jochen was een Leckermul:
'ne Potschon Koffe süll dat sin !
Hei hadd so vel von Koffe hürt
Un hadd sin Dag em nich prebiert -
Hei et des Morgens Klütersupp.
Hüt steg em nu so'n Giwwel up, *Gelüst, Gier, Verlangen*
Hei wull hüt mal ens vörnehm leben
Un let sick also Koffe geben.
De Koffee würd herinner bröcht,
Oll Jochen set't sick nu taurecht
Un süht sick de Geschicht irst an :
De Tass', den Läpel un de Kann,

Wotau de Dinger woll sünd nütt !
De Läpel schint em gor tau lütt,
He is tau lütt för sine Finger.
Un denn de beiden Tassendinger !
Na, endlich möt he doch heran.
Hei langt sick also her de Kann
Un schenkt sick ok 'ne Tass' vull in,
Un as hei dit Stück hett taurecht,
Nimmt hei den Läpel, süfzt un seggt :
"Je, 't mag jo Mod woll jetzund sin "
Un fängt nu langsam an tau läpeln.
Hei ett un ett, dat will nich schäpeln :
De Sak kümmt em tau tahrig vör, *langsam, umständlich*
Un as de Wirt geiht ut de Dör,
Dunn kickt hei sick so wild herüm,
Ob em ok wer woll wohren künn
Un ob hei wir ok ganz allein.
"Je, wenn ick wüßt, dat sehg mi kein ",
Seggt hei, "ick ded't, der Düvel hal !
Ick nem de Tass' un söp enmal !"

3. Oostfreesch Platt

"Du un ik " van Theodor Prahm

Dar ward so mennig Word ins seggt,	ins = manchmal
dat heel neet nödig deiht.	heel neet = gar nicht
Dar ward so mennig Saatkorn leggt,	Haat = Haß
war Haat un Striet ut greiht.	greihn = wachsen
Een enkeld Word, dat segg'n wi neet	
dat deep van binnen brannt,	
man't kann woll Hartseer un Verdreet	Seer = Schmerz
weg doen mit weeke Hand	
O, denk dar um, wo dat woll geiht,	
wat Hart un Hart verbind't,	
wo tüsken uns de Leefde bleiht	Leefde = Liebe
een Hart dat anner find't	bleihn = blühen

4.Engrisch-Ostfälisches Platt

Plattduitsch van Wilhelm Kaune

Se segget mi : diu bis nich fein,	mik = mir
bis far dei Liu an'n Stratengraben.	diu = du
Un up'n Kerkhoff staat een Stein,	far = für
wo möine Mudder liggt begraben	Liu = Leute
Dei draug an ürer Bost mik noch,	draug = trug
ier ik noch schröiven könn un läsen,	üre = ihre
dat ierste,wat ik hüre doch,	ier = ehe
is möiner Mudder Sprake wäsen.	schröiven = schreiben
Un wenn se dik niu slecht hinstellt ,	niu = nun
wörr ok dei Mudder slecht ewäsen,	ewäsen = gewesen
un't is doch up'r ganzen Welt	wörr = wäre
woll bäter neine Friu ewäsen.	neine = keine

5. Saterfriesich - Seltersk

Spinnelieuend von Gesina Lechte-Siemer	Lieuend = Leben
In'n Boom hoanget een Spinnewääb Dju Spinne lait ap Luur un luurd mäd fuul Utduur in hiere Spinnewääb Un in de Spinne hier Geweeude Hong't noch dät lääste Uurgeblieune	Wääb = Gewebe liegt auf der Lauer mit viel Ausdauer hier = ihr Gewebtes Übriggebliebene
Een Fljooge fljucht in't Spinnewääb Ju is in grote Nood. Dju Spinne bitt se dood. Is von de Mäiltied sääd Un in de Spinne hier Geweeude Hong't von de Fljooge 't Uurgeblieune.	Fliege ,fliegt satt
Aan Fugel sjucht dät Spinnewääb Nu is dju Spinn' in Nood. Die Fugel bikkt se dood In hiere Spinnewääb Is stukken, wat de Spinne weeude. De Wind spielt mäd dat Uurgeblieune	Vogel sieht zerrissen *(Plattdüütsch Klenner)*

Översetten

Nu wüllt wi is versöken, dat Gedicht "Min leiwe Modersprak" van August Wibbelt in Ollnborger Platt un darna in Hoochdüütsch umtosetten. Up disse Aart un Wies kummt amenn de Verscheel twüschen de Tungenslääg beter to'n Vörschien.

Ollnborger Platt	Hoochdüütsch
Mien leve ole Moderspraak	____________
Du büst de rugen Wege gahn.	____________
Du hest de sure Arbeit dahn	____________
Nu nehm dien bestet Sonndagskleed !	____________
Nu stimm is an dien schönstet Leed !	____________
Hest lang genoog dar buten stahn.	____________
Nu sett di daal an usen Heerd !	____________
Du büst den Ehrenplaats woll weert.	____________

Wo schreef Fritz Reuter de Wöör ?

woto____________, keem ____________, torecht ____________

he ____________, Döör____________; alleen ____________

Saak____________, weer____________kien ____________

wahren ____________, Lepel ____________, schall____________

Wecke Wöör schreef he jüst so as wi ?

____

Lex dreeuntwintig 23

Dit un dat up platt

De Wiehnachtsgeschicht

(Übertragung des Evangelientextes Lukas 2, 1-20, von Rudolf Muuß, hier weitgehend dem Nordoldenburgischen angeglichen)

Dat weer in disse Tiet, do leet de Kaiser Augustus enen Befehl utgahn, jedereen in dat röömsche Riek schull sik in de Stüürlist indregen laten. So'n Inschrieven harr't fröher noch nich geven. In Syrien woor dat maakt, as Kyrenius dar den Kaiser sien Stattholer weer. Un so gung jedereen hen un leet sik inschrieven; jedereen in siene Heimatstadt. Ok Joseph makde sik up den Weg - ut de Stadt Nazareth in Galiläa na de Davidstadt Bethlehem in Judäa. Denn he stammde ut David sien Huus un Familje. Dor muss he sik inschrieven laten, tosamen mit Maria. De weer em antroot, un se schull bold Moder weren.
Un denn keem dat so : As se dar ankamen weern , do weer dat sowiet, ehre sware Stunn weer kamen, un se kreeg dar ehren eersten Söhn. Un se wickelde em in Winneln un leeg em in een Krübb; denn anners harrn se kienen Platz in de Harbarg.

Nu weren dar in de sülvige Gegend Heerders buten up't Feld. De höden ehr Veeh bi de Nacht. Un een van Gott siene Engels treed vör ehr hen , un den Heern siene Klaarheit strahlde üm se rum, un se verfeerden sik över de Maten. Do sä de Engel to ehr : "Förcht jo nich ! Höört to ! Ik do jo ene grode Freud kund. Disse Freud gellt för dat ganze Volk ! In David siene Stadt is vandagen jo Heiland tor Welt kamen, de Messias, de Heer Christus Un dat schall dat Teken för jo wesen : Ji finnt dat Kind in Winneln inwickelt, un dat liggt in een Krübb !"
Un denn weer miteens dat ganze Himmelsheer bi den Engel. De lööfden Gott, un se sungen "Ehr wees Gott in de Höchde ! Un Freden up de Eer bi all de Minschen, de goden Willen hebbt !."
Un as de Engels denn wedder na'n Heven trügggahn weern, do sä een Heerder to den annern:
"Laat us gau na Bethlehem henlopen un nakieken, wat dar passeert is ! Na dat Woort van den Heern !"
Un denn lepen se , so gau as se man kunnen, un se funnen Maria un Joseph un dat Kind. Dat leeg dar in de Krübb. Un as se dat sehn harrn, do vertellden se, wat ehr van dit Kind seggt woorn weer. Un all Lü, de dat to hören kregen, de wunnerden sik över dat, wat ehr de Heerders vertellen deen. Un Maria beholl all disse Wöör un leet se sik ümmer wedder dör'n Kopp gahn. As de Heerders wedder trügg gungen na ehr Veeh, do lööfden un priesden se Gott för allens, wat se to sehn un to hören kregen harrn. Dat weer jüst so wesen, as de Engel dat anseggt harr.

Wo 'n Rulken maakt

In'e Wersermasch gifft't een ganz besunnert Fleeschgericht, dat heet "Rulken". In verleden Tieden woor't geern an'n Wiehnachenavend äten. All langen se denn düchtig to, un darum snackde man ok woll van Dickbuuksavend.
Vandagen ett woll nüms mehr Rulken an'n Wiehnachenavend, aver wenn Vereene un annere Koppels mal in'n Lokaal fieren wüllt, denn fangt se faken mit Rulkeneten an.
De Köökschen in de groden Dorpsgasthüüs weet' noch, wo 'n de maakt.
Bi't Eten höört 'n denn överlangs : "Ik harr woll Lust, de sülfst mal to maken, aver in de Kaakböker heff ik noch nie nich 'n Anwiesen funnen."
Wat in kien Kaakbook in steiht, hier köönt ji't lesen :
Ji bruukt darto Hoje oder Waddik. Dar is vandagen nich so licht rantokamen. Hoje, dat is dat Water van sure Melk, dat kann 'n sik ok sülven maken. Waddik is Keeswater oder Molke. Well dar nich rantokamen weet, de kann ok Essigwater nehmen. Den rechten Smack kriggt de Rulken dar aver nich van.
Bi'n Slachter kööpt ji jo een Swiensmaag un Hackfleesch. Woveel Hackfleesch, dat kummt dr up an, wo groot de Maag is un woveel Lü ji an'n Disch sitten hebbt.
Nu geiht dat Anrichten loos. Ji nehmt Ries, halfwegs so veel as de Hälft van dat dördreihte Fleesch, un laat't dat garen, aver nich to dull. De gare Ries ward mit dat Fleesch dör'n-annermengt. Dorto kummt Solt un Peper, man nich to knapp.

Nu füllt ji den Deeg in den Swiensmaag un neiht den mit'n fasten Tweernsfaden goot to. Den füllten Swiensmaag laat' ji so wat bi twee Stunnen sinnig kaken. Darna leggt ji em up'n Disch un packt een Brett un enen Steen baben up. Wenn he goot presst un platt woorn is, denn kummt he in enen Steenpott un ward mit de Hoje oder de Waddik övergaten.Hebbt ji dar nich noog van, denn geet' man driest een Spier Essigwater na.
Na twee Weken is de Rulken klaar. Denn ward he in dumendicke Schieven sneden, mit Mehl paneert un in ene Pann van beide Sieten braat. Dat geiht teemlich gau.
To de Rulken köönt ji goot Bratkartüffeln un Rode Beete eten. De Kinner möögt se geern, wenn dar 'n beten Sucker oder Sirup upkummt.

Wöör, de in Kaakböker staht

Fleisch ______	Reis ______	Pfeffer ______	Salz ______
Zucker ______	Mehl ______	Scheibe ______	Hefe ______
Eßlöffel ______	bißchen ______	Teig ______	Wasser ______

Satzbautafel *(de Wöör ut den tweten Kassen mööt umformt weern)*

De Kööksche	eten	an 'n leefsten	Fleesch
Ik	kaken	meisttiets	Katüffeln
Wi	braden	överlangs	Klüütjen
De Itaaljeners		nie nich	Gröönkohl

Backanwiesen för Broot

1. Wetenschrootbroot
Todaden:
600 g Wetenschroot,
700 g Wetenmehl
80 g Gest (Drievels, Berm)
1 Eetlepel vull Solt
900 ml Water,
Den Deeg tweemal gahn laten,
in ene Kassenform doon,
mit Soltwater bestrieken .

Backtiet : 20 Minuten bi 240°
40 Minuten bi 180°

2.Köömbroot
Todaden:
1000 g Wetenmehl,
60 g Gest
1 Eetlepel vull Solt,
2 Eetlepel vull Ööl,
Kööm na Smack,
Water todoon, bit dat de Deeg sik goot kneden lett, tweemal gahn laten,dat Blick infetten, een oder twee Brö up't Blick leggen un gahn laten, mit Soltwater bestrieken.
Backtiet: 1 Stunn bi 200 °

Harrst Du nien Lust , maal sülfst Broot to backen ? Versöök dat doch is !
Up dat Rezept kannst Du Di fast up verlaten.

Sülvenradel

Mit de folgen Sülven kannst du 26 Wöör bilden. De meisten sünd in dit Book noch nich vörkamen. Wenn du liekers dat Radel rutkriegen wullt, denn snack is mit enen öllern Bekannten, de mit Plattdüütsch Bescheed weet. He kann di seker hölpen.

De Anfangsbookstaven geeft, van baben nu unnen lesen, enen mojen Spröök.

a - ahn - an - ap - ball - borg - buuks - dan - e - clop - deel -der - de - di - dick - dör - drie - duf - duum - ei - ern - gel - gel - hol - ka - kant - ken - ko - kraft - la - lack - lan - lapp - ler - me - mei - melk - mer - mo - moos - nan - ner - ner - oor - oort - pass - pel - pen - pint - schen - slag - steef - steen - ter - ter - troy - tuun - twie - ünz - un - un - up - us - va - ve - ven - ver - w - wa - weers - wei.

1. ______	Een Avend, an den veel eten ward.
2. ______	Harde Schicht in'n Sandbodden.
3. ______	Dat Rebett an de Noordseedieken.
4. ______	Bree van'n Aavtaart.
5. ______	Stickelhaarig Deert, gootmödig Schimpwoort
6. ______	Well kien Arbeid un kien Weer schuut.
7. ______	Siedelruum in'n Neddersassenhuus
8. ______	Müürkerredschup
9. ______	Högerlegen Kamer över'n Keller
10. ______	Bedregen, rinleggen, ansmeren
11. ______	Fieravend, Arbeid afslaan, Larm
12. ______	Een Deert, dat'n He un'n Se is (hd. Zwitter)
13. ______	Dicke Mehlklütjen up Beren dämpt
14. ______	Bewahner van'n Eiland
15. ______	Toorn in Ollnborg
16. ______	Lütje Wacht mit Unzen as Wichtstücken
17. ______	Mien Vadder siene Fro, aver nich miene Moder
18. ______	Giezhals, Knickerbüdel
19. ______	Braakvagel, künnigt Ahnweer an.
20. ______	Nedderdüütschen Dichter
21. ______	Wat bi't Karnen överblifft
22. ______	Matrosen-Unnerhemd
23. ______	Richterspröök
24. ______	Stadt in Südollnborg
25. ______	Danzvergnögen in Alldagstüüg

Lösung S.98

Lex veeruntwintig 24

Hunnert Redensaarten, sorteert na de Hauptwöör, de dr in vörkaamt

1. Liefdele

Unner de Arms griepen	unterstützen
Den Dumen up'n Büdel holen	geizig sein
Kien Been an de Grund kriegen	nichts zuwege bringen
Dat Fell över de Ohren trecken	jemanden ausnützen
He hett sien Fief nich binanner	Er ist verrückt
Mi is flau in'n Maag	Mir ist übel
Enen up de Fööt pedden	jemanden beleidigen
He hett Füür unner'n Achtern	Er hat Schwung
Sik de Hacken aflopen	sich um etwas bemühen
Wat in'n verkehrten Hals kriegen	etwas mißverstehen
Em jöökt dat Fell	Er ist übermütig
Nix up de Knaken hebben	mager sein
Knüppel mank de Benen smieten	Schwierigkeiten bereiten
Krumme Fingers maken	stehlen
De Nääs in wat steken	sich in etwas einmischen
Sand in de Ogen streen	jemanden täuschen
Up de Hacken sitten	jemanden bedrängen
Wat unner de Nääs (w)rieven	an Unangenehmes erinnern
Den Steert hangen laten	mutlos sein, verzagen
De Fliep hangen laten	enttäuscht sein
In de Knee kriegen	jemanden besiegen
He hett'n kloken Buuk	er weiß alles besser
Sik wat achter de Ohren schrieven	sich etwas merken
Sik de Snuut verbrennen	unbedachte Reden führen
Een sure Snuut maken	verdrießlich aussehen

2. Kledaasch

He mutt ut de Büx	Er muß austreten
Se hett wat in de Fick (Tasche)	Sie ist reich
Kien Hemd vör'n Achtersten hebben	verarmt sein
Sik wat an'n Hoot steken.	aufgeben, abschreiben
Sik bi de Klatten hebben	zanken, prügeln
Bi'n Kragen kriegen	schnappen, ergreifen
Dör de Lappen gahn	verschwinden, nicht erhalten
Sik in Staat smieten	sich gut kleiden
Bi'n Wickel kriegen	zur Verantwortung ziehen
Wat unner de Schört hebben	schwanger sein
Sik up de Strümp maken	sich auf den Weg machen
Jüst up den Knoop	haargenau
Wat an't Tüüg flicken	jem. etwas Übles nachsagen
Nix up de Naht hebben	arm sein
Sik up de Socken maken	sich sputen
Dat is mi nich na de Mütz	Das paßt mir nicht.

***3.* Huus un Huusraat**

Up't Dack stiegen	zur Rede stellen
Enen up'n Böön hebben	einen Splien haben
De Backberen tosamensmieten	heiraten
Vör't Brett kriegen	Rechenschaft verlangen
Um de Eck bringen	umbringen, töten
He is de Trepp daalfulln	Haare schneiden lassen
Up'n Disch haun	klare Verhältnisse schaffen
Wat up'n Disch bringen	Essen auftragen, vortragen
Laat di nich an'n Wagen föhrn	laß dich nicht übervorteilen !

Wiesen, wat 'n Hark is	deutlich die Meinung sagen
Hutts mit de Mutts	alle(s) miteinander
Up de hoge Kant leggen	sparen
Böös to Kehr gahn	lärmen, toben
Böös in de Kniep sitten	in Bedrängnis sein
An'n Proppen rüken	leer ausgehen
Unnert Rad kamen	verunglücken, untergehen
Reinen Disch maken	eine Sache regeln
In de Schiet klein	Schmutzarbeiten verrichten
Den Stohl vör de Döör setten	jem.hinauswerfen
Wat achter de Lepels kriegen	Ohrfeigen bekommen
Den Lepel afgeven	sterben

4. Deerter un Planten

Em steckt de Haver	er ist übermütig
Dor kreiht kien Hahn na	danach fragt niemand
Em schall de Hund wat	Verwünschungsformel
De Katt ut'n Sack laten	mit der Wahrheit herausrücken
Dor ward kien Swien ut klook	das ist unverständlich
Sik up't hoge Perd setten	aufspielen, angeben!
De Katt in'n Sack köpen	etwas ungeprüft erwerben
Markst Müüs ?	Weißt du Bescheid ?
Lütje Müüs hebbt ok Ohren	Pst ! Die Kinder hören mit.
Wo kummt Kohschiet up't Dack ?	zur Einleitung einer Erklärung
Dar is kien Kruut gegen wussen	Dagegen gibt es kein Mittel

5. Eten un Drinken

Wat up't Botterbroot smeren	etwas vorhalten
In Broot un Lohn nehmen	anstellen
Mit de Mettwuss na'n Schinken smieten	auf den Busch klopfen
He docht nich in'e Wuss	er taugt nichts
Klaar is de Kees	Die Sache ist fertig
Den Braden rüken	etwas bemerken
Wat in de Melk to krömen hebben	wohlhabend sein
Nich de Botter van't Broot nehmen laten	sich nicht benachteiligen lassen
To deep in'n Buddel kieken	zuviel Alkohol trinken

6. Redensaarten mit afstrakte Wöör

In de Bicht nehmen	verhören,
In Brass kamen	böse werden
Dat is'n annern Snack	das ändert die Sache
Wo besaakt sik dat ?	wie hängt das zusammen ?
Dumm un dösig snacken	jem. durcheinanderbringen
Dar is dat Enn van weg	unglaublich
Dar fleut ik up	Darauf kann ich verzichten
Ik kann dr nich up kamen	Es fällt mir nicht ein
Dat löppt sik torecht	Das renkt sich ein
Dar luur up !	Darauf kannst du lange warten
Dat is in'ne Reeg	Das ist in Ordnung
Dar segg ik du to	Das ist mein Eigentum
Dar kannst up af .	Darauf kannst du dich verlassen.
Dat is na mien Smack	Das gefällt mir
Dat is een annern Snack	Das ist etwas anderes
Ut't Spoor lopen	Auf die falsche Bahn geraten

Redensaarten översetten un upschrieven.

1. Segg is eben up platt !

Guten Morgen ! ____________________

Guten Tag ! ____________________

Guten Abend ____________________

Wie geht's (dir) ? ____________________

Was geht es dich an ? ____________________

Setz dich ! ____________________

Können Sie mir helfen ? ____________________

Wo geht es nach Oldenburg ? ____________________

Wie komme ich von hier zum B.? ____________________

Geradeaus ! ____________________

Wie spät ist es ? ____________________

Ich verstehe nicht. ____________________

Tut mir leid . ____________________

Wo kann man hier gut essen ? ____________________

Wo ist die nächste Tankstelle ? ____________________

Wieviel kostet das ? ____________________

Komm mal wieder vorbei ! ____________________

2. Wo heet dat up hoochdüütsch ?

Dat schaadt gaar nix. ____________________

Dat is nich wiet her. ____________________

Dat maakt wat her. ____________________

Dat is rein to dull. ____________________

Ik kann dr nich up kamen. ____________________

Dar nich för. ____________________

Dar kannst up af. ____________________

Dat is'n annern Snack. ____________________

Dat lett man so. ____________________

Dat is mi liekerveel. ____________________

Dat magst woll seggen. ____________________

Dat is'n schöön Tass Tee. ____________________

Dar kannst to veel van kriegen. ____________________

Dat schall mi verlangen. ____________________

3. Kuntrull

Goden Morgen !
Goden Dag !
Goden Avend !
Wo geiht (di't) ?
Wat scheert di dat ?
Gah sitten !
Köönt Se mi hölpen ?
Wor geiht't na Ollnborg ?
Wo kaam ik van hier na'n Bahnhoff ?
Liekut
Wo laat is dat ?
Ik verstah nich.
Deit mi leed.
Wor kann 'n hier goot wat äten ?
Wor is de neegste Tankstäe ?
Woveel kost dat ?
Kiek maal woller 'rin !

Das macht nichts.
Es taugt nichts.
Das sieht nach etwas aus.
Es ist nicht auszuhalten.
Es fällt mir nicht ein.
Nichts zu danken.
Darauf kannst du dich verlassen.
Das ändert die Sache.
Es scheint nur so.
Es ist mir gleichgültig.
Du hast recht.
Das ist eine unangenehme Sache.
Es ist zum Verrücktwerden.
Darauf bin ich gespannt.

Lösung van dat Sülvenradel up de Siet 94

1. Dickbuuksavend 2. Oortsteen 3. Waterkant 4. Appelmoos 5.Tuunegel 6. Döördriever 7. Unnerslag 8. Waterpass 9. Upkamer 10. lackmeiern 11. Lawei 12.Twieveler 13. Duffkoken 14. Eilander 15. Lappan 16. Ünzner, 17. Steefmoder 18. Naupint 19 Ahnweersvagel 20. Claudius 21. Karmelk 22. Troyer 23 Duumkraft 24 Oordeel 25 Cloppenborg 26.Holschenball

Spruch: "Do wat du wullt ! De Lü snackt doch !"

Leve Leser ,
hest du dit Plattdüütsch-Book bit hierhen döörstudeert ?
Wenn dat andem is, denn graleer ik di.
Un nu snack man driest bi jede Gelegenheit Platt.
Schast sehn, dat maakt Spaas, un du leerst noch veel darto.

Literatur- und Quellenverzeichnis

1.	Bodmer, Frederick	Die Sprachen der Welt Köln, o.J.
2.	Bomann, Wilhelm	Bäuerliches Hauswesen und Tagewerk im alten Niedersachsen,Weimar 1941
3.	Böning,Hermann	Plattdeutsches Wörterbuch, Dinklage 1970
4.	Bulling	Geschichte des Stedinger Deichbandes, Berne 1830
5.	Diers, Heinrich	Dat dat dat gifft, Leer 1973
6.	Dirks Theodor	De herrschaftliche Kapell, Oldenburg 1982
7.	Eckhardt / Schmidt	Geschichte des Landes Oldenburg Oldenburg, 1987
8.	Edzards, Heinz	Stickelhaarig Frünnen, Oldenburg 1988
9.	Fissen, Karl	Plattdüütsch läwt, Oldenburg 1963
1o.	Goldschmidt, Jonas	Der Oldenburger in Sprache und Sprüchwort, Oldenburg 1847
11.	Harten G. und J.	Hochdeutsch-Plattdeutsches Wörterbuch, Leer 1986
12.	Lerch / Witt	Niederdeutsch an Volkshochschulen, Kiel 1977
13.	Lindow, Wolfgang	Plattdeutsch-Hochdeutsches Wörterbuch, Leer 1987
14.	Mackensen, Lutz	Deutsche Etymologie, Basel 1977
15.	Ollnborger Kring	De Plattdüütsch Klenner, Oldenburg , Jahrgänge 1955-1993
16.	Roggemann, Gustav	Striepten Speck, Oldenburg 1990
17.	Reuter, Fritz	Läuschen un Rimels, Rostock 1981
18.	Strackerjan, Ludwig	Aberglaube und Sagen aus dem Herzogtum Oldenburg, Oldenburg.1867
.9.	Vollers, Heinrich	Stedinger Cronica, Handschrift 1618 Landesbibliothek Oldenburg
0.	Wasserzieher, Ernst	Leben und Weben der Sprache, Bonn 1964
1.	Ders.	Woher ? Ableitendes Wörterbuch, Bonn 1963
.	Zierer, Otto	Weißbuch zur Rettung der deutscher Sprache, München 1976

Wat in dit Book insteiht